RELATION

ABRÉGÉE ET POPULAIRE

DE LA CANONISATION

DES MARTYRS JAPONAIS.

BORDEAUX,
TYP. Ve JUSTIN DUPUY ET COMPe
rue Gouvion, 20.

1862

RELATION

ABRÉGÉE ET POPULAIRE

DE LA CANONISATION

DES MARTYRS JAPONAIS.

BORDEAUX,
TYP. Ve JUSTIN DUPUY ET COMPe
rue Gouvion, 20.

RELATION

ABRÉGÉE ET POPULAIRE

DE LA CANONISATION DES MARTYRS JAPONAIS

I. — L'INVITATION.

Le 18 janvier 1862, S. Em. le Cardinal-Préfet du Concile écrivait aux évêques de l'univers, par ordre du Souverain-Pontife, qu'au mois de mai suivant, il y aurait à Rome deux consistoires semi-publics, après lesquels, le jour de la Pentecôte, seraient proclamés SAINTS vingt-six martyrs japonais, et le bienheureux Michel de Sanctis, religieux Trinitaire pour la rédemption des esclaves.

« C'est pourquoi, ajoutait-il, Sa Sainteté a daigné m'ordonner d'adresser cette lettre aux évêques du monde catholique, afin de leur communiquer l'heureuse nouvelle de cette affaire, et en même temps de leur déclarer que ce Lui serait une chose très agréable de voir, à cette occasion, tous les prélats qui, de l'Italie et des autres contrées, jugeraient à propos de faire ce voyage, sans préjudice pour les fidèles, et sans aucun obstacle. »

Ainsi, le Pape se borne à exprimer un simple désir. Il parle en Père qui croit à l'amour de ses enfants. Nous saurons bientôt que ses espérances n'ont pas été vaines, et que leur réalisation a dépassé toute son attente. Mais avant de raconter les fêtes de la canonisation et les démonstrations catholiques dont Rome vient d'être le glorieux théâtre, il importe de rappeler en peu de mots les combats et les triomphes des nouveaux martyrs.

En 1587, trente-cinq ans après les travaux et la mort de saint François-Xavier, premier apôtre du Japon, le roi de ce pays, — Taïcosama, — lança un édit contre les missionnaires, pour leur défendre de prêcher la religion du Christ. Ils continuèrent néanmoins à répandre en secret les semences de l'Evangile, et, quelques années plus tard, ce prince cruel en condamna plusieurs à être crucifiés sur la colline de Nangazaki. On leur adjoignit des chrétiens distingués par leur zèle à faire des prosélytes, ainsi que trois enfants qui servaient les Pères à l'autel ; ils étaient en tout vingt-six, dont trois Jésuites : les autres appartenaient à l'Ordre séraphique ou au tiers-ordre de saint François. Ce fut le 5 février 1597 que ces vaillants athlètes eurent le bonheur de verser leur sang pour la foi chrétienne. Tous, hommes et enfants, rivalisèrent de courage, et l'on vit éclater la puissance de l'amour divin jusque dans l'âge le plus tendre.

Quant au bienheureux Michel, dont le Missel propre au clergé romain contenait déjà un office sous la date du 5 juillet, il mourut en 1625, âgé de 34 ans, après avoir édifié ses religieux et les fidèles de Valladolid par une sainteté consommée. Pie VI le béatifia en 1779. Quoiqu'il n'ait pas souffert le martyre, ses travaux apostoliques et son esprit de mortification l'ont dignement associé aux palmes des héros japonais.

Eh bien! c'est ce noble héroïsme que l'Eglise, illuminée d'en haut, présente aujourd'hui à notre vénération. Par la bouche auguste de Pie IX, elle vient de canoniser, c'est-à-dire d'insérer dans le *canon* ou le catalogue des saints, vingt-sept illustres serviteurs de Dieu. On sait que le Pape est infaillible dans les jugements de béatification et de canonisation; par conséquent, les fidèles leur doivent une soumission pleine et entière. Il ne leur suffirait pas de les accueillir avec un silence respectueux, si le cœur n'était de la partie; ces décrets exigent leur assentiment intérieur.

Mais remarquons tout ce qu'il y a de moral dans l'acte solennel du 8 juin dernier. A une époque où le culte de la matière menace d'envahir les âmes, Pie IX a voulu marquer par des honneurs extraordinaires le prix qu'il faut attacher aux triomphes de la foi, et l'importance supérieure des choses qui sont du domaine surnaturel. Et puis, il y a tant d'abaissement dans les caractères, si peu d'énergie dans les volontés, qu'il était bon de les stimuler par le grand spectacle d'une canonisation. Alors enfin que la science, l'industrie et le commerce aspirent à réaliser le beau rêve de l'union fraternelle des peuples (témoin ce qui se passe à Londres pour l'exposition universelle), l'Eglise rappelle à tous les hommes que c'est elle qui développe le plus efficacement ces tendances. Rome prouve qu'elle comprend à merveille son siècle, quand pour mieux montrer le lien des âmes et la solidarité spirituelle des nations, elle convoque les évêques de tous les points du globe, dans le but d'honorer des chrétiens, nos frères, immolés au fond de l'Orient. — Là, est la véritable unité, la seule qui puisse être réellement féconde (1).

(1) *Messager de la Semaine*, nº 27. — On trouvera dans Godescard, sous la date des 5 février, 5 juillet, et à la fin de décembre, de précieux renseignements sur les 27 serviteurs de Dieu et le Traité de la canonisation par Benoît XIV. — Le P. Bouix vient aussi de donner une histoire intéressante des Martyrs japonais.

II. — UNE TRAVERSÉE.

Dès les premiers jours de mai, après les solennités pascales, évêques, prêtres et fidèles se disposent de toutes parts à se rendre *au désir* de Pie IX. Bientôt c'est par centaines que les paquebots et les chemins de fer les amènent à Rome, des quatre vents du ciel. L'Eglise orientale va donc se rencontrer avec l'Eglise latine, dans les bras du Père commun, où elles se donneront le baiser de paix!... Seuls les évêques du Portugal et de l'Italie *piémontaise* seront empêchés, — par des gouvernements *libéraux*, — de faire le saint pèlerinage. Mais en dehors de cette regrettable exception forcée, quel empressement! quelle admirable émulation! Le clergé français se distingue entre tous par son ardeur à se grouper autour de la Chaire éternelle. C'est, par exemple, Mgr l'évêque de Nîmes débarquant, sur la péninsule italique, avec cinquante-six prêtres de son diocèse. Combien d'autres caravanes, presque aussi nombreuses, nous pourrions citer! Le diocèse de Bordeaux, auquel nous avons l'honneur d'appartenir, a fourni un noble contingent, qui voyait à sa tête un éminent cardinal et deux vicaires-généraux. Nous dirons plus loin le chiffre de nos pèlerins, et l'on aura la conviction que la France est toujours la fille aînée de l'Eglise.

En attendant, qu'on nous permette de rapporter la traversée de tant d'illustres et pieux voyageurs, vers la capitale du catholicisme. Pour abréger, nous allons extraire quelques lignes d'une lettre écrite par un enfant de notre cité, Mgr l'évêque de Beauvais ; les détails que donne Sa Grandeur peuvent en effet s'appliquer aux divers récits de ce genre.

« A peine eut-on levé l'ancre, que nous avons été l'objet d'une acclamation aussi touchante qu'inattendue. Une foule considérable s'était réunie tant sur la jetée qu'au pied du phare. Des applaudissements, des cris cent fois répétés de *Vive Pie IX! Vive le Pape-Roi! bon voyage aux pèlerins!* retentissaient, pendant que nous nous éloignions du rivage. Nous y avons répondu de notre mieux en chantant l'*Ave maris stella*... Trente-cinq évêques, dont deux cardinaux, un nombre considérable de prêtres, plusieurs sœurs de la charité, plusieurs religieux, entre autres le P. Herman, beaucoup de dignes et pieux laïques, tel était notre personnel. Nous avons fait le mois de Marie en commun, et Mgr de Tulle s'est chargé de nous édifier avec sa bonne et éloquente parole. La prière du soir a été récitée sur le pont par un archevêque. Des cantiques lui ont succédé sous la direction du P. Herman. Quand nous avons approché de Civita-Vecchia, il était juste de proclamer la foi catholique et de remercier le Seigneur; aussi est-ce avec bonheur que nous avons chanté le *Credo* de Dumont et le *Te Deum*.

» Nous arrivons au port : le canon résonne en l'honneur de LL. EE. les Cardinaux. Le délégat apostolique et un officier supérieur de l'armée française viennent à notre rencontre, et nous sommes conduits au palais du délégat où un déjeuner est offert aux évêques voyageurs. Six prélats étaient arrivés sur un autre bâtiment, en sorte que nous étions là quarante-un évêques de *toute tribu, de toute langue, de toute nation;* mais nous nous sentions tous frères, car la même foi, le même dévouement au Saint-Père nous unissaient...

» Que faire, après avoir secoué la poussière du voyage, si ce n'est, avant tout, aller à Saint-Pierre? C'est le premier élan du cœur. Nous sommes donc allés, tout d'abord, au tombeau des saints apôtres, et j'y ai placé sous leur patronage mon diocèse, mes amis.

» Je ne vous dis pas les émotions qui saisissent les nouveaux hôtes de la ville éternelle, — au milieu de tant de monuments et de grands souvenirs!... Nous avons fait visite au cardinal Antonelli : j'ai conduit chez lui ma colonie sacerdotale sans avoir demandé audience, car au Vatican on entre tout droit ; tout catholique sent qu'il est dans la maison de son père ; on va partout, on est introduit avec une facilité inconnue en France...

» Le cardinal, cet homme si éminent, si dévoué au Saint-Siége et pourtant si décrié, est d'une affabilité parfaite. Il nous a reçus on ne peut mieux : il a serré les mains de chacun de mes compagnons de voyage et les a laissés charmés de cette bienveillance que rehausse une si grande distinction. Nous aurons un de ces jours une audience du Saint-Père. »

L'enthousiasme dont parle Mgr de Beauvais n'a fait que s'accroître lors du départ de nos derniers pèlerins. Qu'on lise, par exemple, la *Gazette du Midi* (4 juin), et l'on verra qu'il n'a rien eu de commun avec un engouement passager. « Le 2 juin, dans la soirée, dit-elle, un paquebot, ayant à bord plusieurs évêques et plus de 300 ecclésiastiques, quittait le port de la Joliette, où se pressait une foule sympathique. Des flammes de Bengale furent allumées sur la jetée... et l'on criait : *Vive le Pape!* avec un élan irrésistible. C'étaient les adieux des Marseillais à ceux qui partaient pour le rendez-vous chrétien de la ville éternelle. »

III. — LETTRES PASTORALES.

NN. SS. les évêques n'ont pas pris le chemin de Rome, sans faire connaître à leurs diocésains les motifs de leur voyage. Il en est même plusieurs qui ont saisi avec bonheur cette occasion de revendiquer les droits de l'Eglise. Leurs magnifiques Lettres pastorales seront des monuments précieux de la piété filiale envers un Père bien-aimé. Citons au hasard celles de Mgr l'évêque de Quimper et de Mgr Scandella, vicaire apostolique de Gibraltar. Cette dernière, insérée dans le *Monde* du 3 juin, est un traité complet sur le pouvoir temporel du Pape. Si nous n'en donnons pas au moins l'analyse, malgré le désir qui nous presse, c'est que nous en retrouverons les considérants et les vues élevées dans l'Adresse de l'Episcopat. Qu'il nous suffise de constater un fait trop naturel pour être surprenant : toutes ces lettres sont empreintes d'un dévouement sans bornes au Saint-Siége ; on y savoure je ne sais quel accent du cœur qui vous pénètre jusqu'aux larmes, et pourtant ces protestations unanimes d'amour ne vous causent pas d'étonnement : ne sont-elles pas l'écho de l'univers catholique ? Et pouvait-on ne pas les attendre de ceux qui nous rallient autour du trône pontifical ?

Mais que dirons-nous des Lettres de cent autres prélats qui ne sont pas libres d'aller où leurs vœux les appellent ? Comme elles sont plus touchantes, et peut-être plus admirables, à cause des circonstances qui les ont vu se multiplier ! Ce sont d'abord soixante-et-un évêques napolitains écrivant à Pie IX, le 8 mai : « Qu'il est bon, qu'il est doux pour des frères de se tenir en ce moment autour de la Chaire de saint Pierre, d'où naissent l'unité du sacerdoce et celle de l'Episcopat ! Qu'il est bon et doux pour Votre Béatitude de voir en ce jour tous ces frères fidèles à votre Communion, suspendus à votre bouche ! car, Vicaire de Celui qui a les paroles de la vie éternelle, vous paissez non-seulement les agneaux, mais encore les brebis du Christ... Oh ! que tout cela est bon ! que cela est doux ! Et cependant il n'est pas donné aux évêques de l'Eglise de Naples de prendre part à ces saintes joies, tandis que de tous les points de l'Orient et de l'Occident, nos collègues et les fidèles vont accourir pour assister à cette grande solennité de l'Eglise romaine. Mais Votre Sainteté connait notre douleur... Aussi, plaignant notre situation, Elle nous a couverts de son indulgence avec la charité qui surabonde dans votre cœur. »

Puis les hauts signataires de l'Adresse au Pape déclarent

qu'ils chargent leurs collègues exilés, notamment le cardinal Riario Sforza, de les représenter aux consistoires semi-publics : « N'importe, s'écrient-ils, vive le Seigneur! et que la foi supplée! Absents de corps, nous serons présents en esprit. » — On trouvera cette importante lettre dans *le Monde* du 11 juin.

Dix évêques de l'Ombrie, empêchés de quitter leurs diocèses pour refus de passeports, se sont du moins empressés de transmettre à Pie IX, le 24 mai, l'expression de leur douleur profonde, nous n'osons dire leurs énergiques protestations. Comme cette Adresse a un caractère fort tranché, nous n'en donnerons aucun extrait (1). Plus tard il sera très intéressant de réunir tous ces matériaux pour servir à l'histoire de cette grande époque de l'Eglise, et peut-être nous saura-t-on gré d'en indiquer la source.

De leur côté, les évêques de la province ecclésiastique de Turin ont envoyé au Saint-Père, le 1er juin, une Adresse identique aux deux précédentes. « Privés, lui disent-ils, du bonheur d'entourer Votre Sainteté dans l'un des actes les plus mémorables de son glorieux Pontificat, et enviant la félicité de nos frères libres, nous cherchons un adoucissement à notre douleur, alors que, prosternés de cœur et en esprit aux pieds de Votre Béatitude, nous lui protestons de notre profond dévouement, de notre affectueuse vénération. Ces sentiments nous rendent communes les peines et les afflictions de Votre Sainteté; ils nous inspirent une obéissance illimitée à toutes les décisions qui pourront émaner d'Elle. »

Voici donc soixante-dix-sept évêques du *royaume* d'Italie qui ajoutent leurs noms et leurs votes à ceux de leurs collègues réunis à Rome. Quelle imposante *majorité* ! Et non-seulement les hauts dignitaires, mais encore plus de 300 ecclésiastiques de cette malheureuse contrée ont fait parvenir des Adresses à Pie IX.

(1) V. *le Monde du* 12 *juin*.

Après ce que nous venons de révéler *de certains obstacles*, on s'expliquera que le Pape ait dit à l'un de nos Prélats : « De la France il me vient de l'or, et du Piémont, de la myrrhe. »

IV. — PRÉLIMINAIRES DE LA GRANDE CÉRÉMONIE.

Le 6 mai, *Invito sacro* du cardinal Patrizzi pour disposer les fidèles de Rome à la fête du 8 juin. Son Eminence annonçait que le Saint Sacrement serait exposé du 11 au 18 dans les trois premières basiliques de la capitale.

Le 11, Pie IX est allé faire son adoration et prier avec le peuple à Saint-Jean de Latran.

Le 14, il s'est rendu pour le même objet à Saint-Pierre.

Le 15, il y a eu consistoire public dans la salle dite *royale* de cette basilique, qui sépare les chapelles Sixtine et Pauline. Deux avocats consistoriaux ont prononcé des discours : l'un, sur les vertus héroïques des vingt-six martyrs japonais ; l'autre, sur la vie et les miracles du bienheureux Michel de Sanctis, confesseur-prêtre de l'ordre des Trinitaires. Ils ont terminé en sollicitant la canonisation *de leurs clients*. Alors, le secrétaire des brefs a répondu que Sa Sainteté en fixait la cérémonie au 8 juin, jour de la Pentecôte ; mais qu'elle se réservait de prendre conseil des cardinaux et de l'épiscopat dans deux consistoires semi-publics.

Ce même jour, le cardinal Prince Altieri a ouvert ses salons à tous les évêques pèlerins, pour leur offrir un lieu de réunion pendant toute la durée de leur séjour à Rome.

Le 18, notre Saint-Père est allé implorer les lumières du ciel et adorer Jésus-Hostie à Sainte-Marie-Majeure.

Le 22, premier consistoire semi-public. Deux cents évêques étaient déjà arrivés. Le Souverain-Pontife a prononcé une allocution de circonstance, où l'on a remarqué les paroles suivantes : « C'est une grande joie pour moi de me voir au milieu d'une assemblée aussi nombreuse et de constater l'empressement que l'épiscopat a mis à se rendre à mon invitation. Cependant, je ne puis me défendre de sentiments douloureux à la vue de l'égarement de plusieurs de mes fils. Nous prierons pour leur conversion. »

Ensuite, Pie IX a demandé à la vénérable assemblée de vouloir bien donner son avis, chacun séparément, sur la canonisation des martyrs japonais. Alors les cardinaux et les évêques déposèrent leurs votes par écrit entre les mains du secrétaire et d'un maître des cérémonies ; puis le Pape se retira dans ses appartements.

Le 24, nouveau consistoire semi-public pour recueillir les suffrages de l'épiscopat sur le bienheureux Michel de Sanctis. On a observé les mêmes règles que dans la réunion précédente.

Nous devons rappeler ici avec tous les canonistes, spécialement avec Mgr Scandella (1), « que le Saint-Siége peut décider par lui-même sur toutes les questions de dogme et de discipline, et sur toutes les causes dites *majeures*, dont fait partie la canonisation ; que néanmoins les Souverains Pontifes ont toujours été dans l'usage de consulter les évêques : 1° pour resserrer les liens de l'unité catholique ; 2° pour donner plus de lustre, une plus solennelle sanction à leurs décrets ; 3° pour honorer l'épiscopat aux yeux des peuples. » C'est ainsi que l'Eglise romaine est la plus grande école de respect envers l'autorité à tous les degrés de la hiérarchie. D'un autre côté, la déférence de NN. SS. les évêques pour les décisions du Pontife romain, prouve qu'il jouit de la primauté d'honneur et de juridiction dans toute l'Eglise. La cérémonie du 8 juin vient encore de consacrer ce double privilége.

(1) *Voir notre paragraphe III.*

V. — OVATIONS DÉCERNÉES A PIE IX.

Sa Sainteté ne s'est pas montrée une seule fois en public, pendant le mois de mai, sans avoir été saluée par les plus vives acclamations ; mais les plus remarquables ovations que le peuple et le clergé Lui aient décernées, sont celles du 18, à Sainte-Marie Majeure ; — du 26, à Saint-Philippe de Néri ; — et du 29, à Saint-Jean de Latran. Quelques mots sur chacune d'elles :

1. Lorsque le Pape s'est rendu à Sainte-Marie Majeure pour les prières solennelles, il y a trouvé cent onze évêques qui l'attendaient. La basilique était remplie, et tout le peuple s'est associé d'une voix unanime aux invocations des litanies des Saints. A la sortie du Souverain Pontife, une foule immense agitant des mouchoirs blancs et des drapeaux aux couleurs pontificales, a longtemps répété : Vive Pie IX ! qu'il soit Roi toujours ! Ainsi les cris de la Révolution sont étouffés sous les *vivat* qui acclament Pie IX *Pontife et Roi ;* mais chacun de ces *vivat* est encore une protestation contre des attentats sacrilèges, et une supplication ardente pour implorer la fin des épreuves que traverse l'Eglise. On raconte qu'un libre-penseur qui, ce jour-là, était entré à Sainte-Marie Majeure, le cœur plein de son incrédulité, en est sorti chrétien. Il avait vu le Pape priant avec ferveur, et le peuple l'acclamant avec ivresse : ce double spectacle fut pour lui le coup de tonnerre qui transforma Saul en apôtre.

2. Une manifestation plus imposante a eu lieu le 26. Voici comment elle est rapportée par un témoin oculaire :

« Rome, le 27 mai.

» Nous avons été témoins hier d'un de ces spectacles qu'on ne voit qu'à Rome, et qui laissent dans l'âme les plus profondes impressions. Les circonstances actuelles y ajoutaient un nouvel intérêt et en relevaient l'importance.

C'était plus qu'un spectacle, c'était une démonstration dans le sens rigoureux du mot, car tout ce que nous avons vu et entendu *démontre* jusqu'à l'évidence que le peuple de Rome est toujours fidèle à la papauté, et qu'il porte jusqu'à l'enthousiasme son amour et son dévouement pour Pie IX, pontife-roi.

» Nous avions appris que le Pape devait officier dans l'église neuve de Sainte-Marie della Vallicella, où repose le corps de saint Philippe de Néri. Or, c'était la fête de ce saint, qui est regardé comme l'apôtre et l'un des principaux patrons de Rome. Cette fête est donc chômée et célébrée comme un dimanche. Vers les 9 heures, nous commencions à nous grouper au bord du Tibre, en face du fort Saint-Ange, dans l'angle que le port du même nom fait avec la route qui conduit au Vatican.

» Cette route avait été sablée dès la veille, ainsi que tout le reste du chemin que le Saint-Père devait parcourir. On aurait dit un immense tapis jaune tendu d'avance sous les pas du Pontife-Souverain. Nous jonchâmes de fleurs la partie du chemin qui était devant nous, afin que Pie IX pût, en les foulant, oublier les épines de sa voie douloureuse. Chacun de nous avait, en outre, à la main, soit un bouquet, soit une couronne de fleurs, pour les jeter devant le Pape au moment de son passage. Mais il fallait pour cela conserver la liberté de se mouvoir et la chose commençait à devenir difficile.

» Les rangs se pressaient, la foule était compacte. De tous côtés le peuple romain était accouru pour voir, pour saluer, pour acclamer celui qu'il appelle avec un certain orgueil : *Padre nostro*.

» Quand nous levions la tête pour porter nos regards impatients vers le Borgo-Nuovo, d'où le cortége pontifical devait poindre, nous ne voyions que les flots agités d'une multitude innombrable qui remplissait toute la Strada, et au-dessus de laquelle flottaient, comme des banderoles, les tapis de toutes couleurs dont les maisons étaient pavoisées. A dix heures un quart, le son lointain de la musique palatine nous annonça que le cortège approchait.

» Comme alors le cœur battait ! Nous avions déjà vu le Pape ; mais nous allions le voir encore, lui crier : *Vivat !* lui jeter des fleurs ! Bientôt défilèrent devant nous de brillants équipages. Mais qui pouvait s'amuser à les regarder ? Le Pape n'y était pas. La garde noble, qui parut un instant après, nous avertit qu'il était proche, ou plutôt, nous le savions déjà par la tempête de cris qui venait d'éclater. J'avoue que j'eus peur ; je ne m'y attendais pas. C'était un bruit, un tonnerre, un ouragan : *Viva Pio nono ! Vive Pie IX, pape et roi !*

Les deux langues qui se heurtaient en l'air étaient l'italien et le français... Papa-Ré, Roi-Pontife, Vive ! Vive ! En même temps tous les mouchoirs s'agitaient, et les bouquets de fleurs pleuvaient sur les chevaux et sur la voiture du Pape.

« Un petit incident fit que le Pape s'arrêta un instant devant la caravane française : comme dans tout ce que nous faisons, nous mettons toujours un peu de *furia*, il paraît qu'un des chevaux noirs qui traînaient le carrosse du Pape fit mine de vouloir se cabrer. L'écuyer l'arrêta pour l'apaiser, et nous eûmes plus de temps pour contempler l'auguste et doux visage du Saint-Père. Pie IX souriait ; il paraissait heureux des témoignages d'amour qu'il recevait de ses enfants. Vous ne sauriez croire combien cette figure devient belle quand elle est illuminée par un sourire. Elle a toujours quelque chose de surnaturel et de céleste ; mais le sourire achève de lui donner le caractère de la béatitude et de la beauté angélique.

» Je crois que le Saint-Père nous a reconnus pour des prêtres français. Nous étions trop nombreux sur le même point, pour que notre *rabat* ne nous fît pas remarquer. On pourrait dire que nous étions reconnaissables à l'ardeur de notre enthousiasme. Mais à coup sûr cet enthousiasme était partagé par tous ceux qui avaient le bonheur d'assister à ce triomphe de Pie IX, à ce triomphe de la papauté. Sur tout le parcours, les mêmes cris, les mêmes transports se renouvelèrent. Du point où nous restions forcément immobiles, nous entendions ce roulement prolongé de *vivat* qui accompagnait le Pape et qui dessinait pour ainsi dire sa marche à travers les rues de la grande ville.

» Il fut convenu entre les pèlerins français qu'après la cérémonie de l'église neuve, c'est-à-dire vers midi, ils iraient reformer leur groupe sur l'escalier qui est devant la façade de Saint-Pierre, pour acclamer encore le Pape à son retour. On fut fidèle au rendez-vous.

» Il nous restait quelques bouquets et quelques couronnes; on se les partagea, afin que chacun eût la consolation de jeter encore une fleur sous les pas de notre Père bien-aimé. La place de Saint-Pierre offrait en ce moment un magnifique coup-d'œil; elle était couverte d'hommes et d'équipages. Quand Pie IX reparut, le carillon des cloches de Saint-Pierre ne put couvrir le bruit des voix, ni empêcher d'entendre les cris de : *Vive Pie IX! Vive le Roi-Pontife!* qui s'échappaient de toutes les poitrines. Nos fleurs tombèrent autour du char pontifical, que nous entourâmes aussitôt pour l'accompagner jusqu'à la porte du palais. Cette belle journée restera dans nos souvenirs. Elle a été remarquée par les romains, dont plusieurs sont venus nous témoigner leur satisfaction.

» Aux cris de : *Vive Pie IX!* je me souviens d'avoir entendu, derrière moi, des Italiens mêler celui de : *Vive la France! Vive le clergé français!* » (L'abbé Végrène).

Nous ajouterons à ce récit, d'après une correspondance de Rome, que le Pape s'est montré ému jusqu'aux larmes de l'ovation qu'il a reçue. Mgr Dupanloup a recueilli lui-même, ce jour-là, les plus chauds témoignages de la reconnaissance des romains pour son noble dévouement, car ils l'ont accompagné aux cris de : *Vive le défenseur du Saint-Siège!* L'amour du clergé français pour Sa

Sainteté provoque chez eux un véritable enthousiasme ; de sorte que bien des préventions réciproques seront tombées devant les faits. Ce ne sera pas un des moindres fruits de cette réunion unique dans l'histoire.

3. *Fête de l'Ascension.* — Mgr de Beauvais, que nous aimons à citer comme Bordelais (sans parler de ses autres titres à notre respectueuse vénération), écrivait le 30 mai :

« Hier, jour de l'Ascension, le plus magnifique des spectacles nous était réservé. Le Pape devait assister solennellement à la Messe à Saint-Jean de Latran, et donner après l'office la bénédiction *à la ville et au monde*, du haut du balcon de la basilique. Le Saint-Père a traversé les rues de Rome sous une pluie de fleurs, au milieu des acclamations les plus enthousiastes. Qu'il était beau, majestueux, recueilli, lorsqu'il a fait son entrée dans la basilique, précédé de cinquante cardinaux, suivi d'une multitude d'évêques, entouré de sa garde et d'un peuple immense ! Malgré toutes ses douleurs, il conserve le même visage qu'il y a onze ans ; la sérénité et la douceur sont peintes sur ses traits : c'est une figure surhumaine. — Les cérémonies se sont accomplies avec une solennité que l'on ne saurait rencontrer nulle part ailleurs... A l'issue de la Messe a eu lieu la bénédiction...

» Sur la place étaient rangées notre armée et l'armée pontificale. Une foule innombrable de prêtres, de Romains et d'étrangers était là réunie. Le Pape, en présence de cette multitude, placé dans une tribune disposée au milieu de la façade de la basilique, entre le ciel et la terre, avait l'air inspiré. Jamais je ne l'ai vu si digne, si grand, si beau ! Quand il a élevé la voix et étendu les bras comme pour embrasser le monde entier, tous ont fléchi le genou, et immédiatement après, une acclamation immense, unanime, a fait retentir les échos de l'antique cité. Je n'ai pu retenir mes larmes. Mais j'ai tort de vouloir décrire une scène si grande : il faut la voir pour s'en faire une idée. »

Une autre correspondance dit à ce sujet : « Jamais il

n'a été plus vrai de dire que Pie IX a donné sa bénédiction *Urbi et Orbi*, car la ville éternelle et le monde étaient là. Le Saint-Père voyait à ses pieds ses enfants de toutes les nations. Aussi l'enthousiasme le plus vif éclata-t-il après cette cérémonie, lorsque le Pape retourna au Palais. En voyant tout ce peuple agenouillé se courber humblement sous la main du successeur de Pierre, puis se relevant pour lui répondre par un immense cri d'amour, on sentait bien que l'Eglise est encore pleine de force et de vie. Du reste, les Romains ne laissent passer aucune occasion de protester qu'ils ne veulent que Pie IX pour roi. Les manifestations contraires viennent des piémontistes qui sèment le désordre partout. »

Nous constatons avec un légitime orgueil que, d'après le désir formel exprimé par Sa Sainteté, les cinq prélats assistants au trône pontifical pour la cérémonie étaient français, quatre archevêques — et un évêque : celui d'Orléans. Le Pape a voulu que la France occupât à côté de lui sa place de fille aînée de l'Eglise.

VI. — PREMIÈRE SEMAINE DE JUIN.

Le dimanche 1er juin : Adresse de la jeunesse romaine à l'Episcopat chez le cardinal Altieri. (Nous savons que les prélats se réunissent tous dans le palais de cet illustre prince). Les jeunes gens qui s'étaient chargés de présenter l'Adresse, formant un chœur de plus de 200 voix, ont chanté l'*Hymne de Pie IX*. La vénérable assemblée les a félicités sur leur noble enthousiasme ; le cardinal Wiseman leur a dit en particulier, qu'il se tenait assuré de les voir défendre la religion, s'il le fallait, au péril de leur vie. Cette vaillante jeunesse a répondu par un cri spontané d'adhésion qui émut jusqu'aux larmes tous les évêques ; puis le cardinal Altieri les engagea à revenir le mercredi suivant pour ceux des prélats encore absents.

Voici la fin de l'Adresse précitée : « Daignez accepter le témoignage de notre chant ; c'est celui de notre attachement à la Papauté : dès-lors, l'offrande en sera plus chère à votre zèle apostolique, et l'hommage plus doux à votre modestie, car il est joyeux comme notre âge, et sacré comme votre caractère. Bénissez nos chants, et, s'ils ne vous déplaisent pas trop, portez-en l'écho jusque dans vos lointaines contrées, afin que la jeunesse catholique de toutes les langues et de tous les pays réponde comme un seul chœur à la jeunesse romaine, et que dans toutes les langues et sous tous les cieux on répète à l'envi ce cri de foi : *Vive Pie IX! Vive le Pontife-Roi!* »

Le soir de ce même jour, Mgr l'évêque de Tulle a prêché à Saint-Louis des Français. Il a dit les destinées que Dieu a faites à la Ville Eternelle, les droits qu'il a donnés à son Vicaire sur la terre, les obligations qu'il a imposées aux peuples et à leurs chefs envers Rome et envers le Pape. On connaît la magnificence, les hardiesses de langage de Mgr Berthaud, et l'on peut en conclure l'impression qu'il a dû produire. S'adressant aux prêtres pèlerins, il s'est écrié : « Vous, prêtres, vous êtes la splendeur de l'Episcopat et les instruments secondaires du Vicaire de Jésus-Christ... Vous êtes comme des étoiles suspendues au-dessus des nuages. Votre chaleur, votre amour, vos prières dissiperont ces nuages, et les méchants repentis vous salueront. Oh ! soyez bénis pour ce que vous avez fait. Vous êtes accourus ; reposez-vous sur le sein de Rome que vous aimez ; de Rome qui vous aime. — Et toi, Rome, sois fière ! Tu es le salut du monde et l'arche de l'unité sainte, tu justifies ta devise : *Force et amour!* Tu es bien la capitale et le centre moral de l'univers : *Caput et mater!* »

3 *juin.* — Une messe solennelle, à laquelle assistaient un très grand nombre d'évêques, a été célébrée dans l'église Saint-André *della Valle*, selon le rite oriental, pour demander à Dieu la réunion de l'Eglise grecque. Après

l'Evangile, Mgr Dupanloup a prononcé un discours sur l'Église d'Orient, et telle a été son éloquence, que des applaudissements ont éclaté à diverses reprises. Sa Sainteté a voulu que la messe fût chantée par Mgr Hassoun, primat des Arméniens catholiques, assisté de tous les évêques et prêtres orientaux. Une quête abondante en faveur des Grecs et des Bulgares convertis a couronné le discours de Mgr d'Orléans.

Le 4 juin. Réunion des évêques chez le cardinal Altieri. La jeunesse romaine y est venue de nouveau chanter *l'hymne* de Pie IX. Cette fois, ce fut le cardinal-primat de Hongrie qui leur adressa les remerciements de l'épiscopat. Nous constatons avec plaisir cette démonstration de la jeunesse, parce que, dans les circonstances actuelles, elle est un fait des plus consolants.

Le 5 juin. Chemin de la Croix au Colisée, sous la conduite de Mgr l'archevêque de New-York. L'*Observateur romain* évalue à vingt mille le nombre des assistants. Que d'ardentes prières ont jailli de tous ces cœurs dévoués, et que de larmes ont baigné l'arène des premiers martyrs! Mgr l'évêque de Tulle a de nouveau prêché, entre deux stations, et, pendant une heure, il a tenu immobile, sous sa parole, cet immense auditoire. Il a parlé avec une telle verve, qu'on ne croyait pas possible que l'éloquence pût monter plus haut. Monseigneur a démontré la nécessité du pouvoir temporel à un point de vue saisissant. « C'est une croix où doit être nécessairement attaché le vicaire du divin crucifié ; mais il n'en peut descendre, et la Papauté y restera attachée, stigmatisée, jusqu'à la fin des siècles, pour le salut du monde. »

Le 6 juin. Pie IX a reçu en audience publique, dans la chapelle Sixtine, tous les prêtres des diverses nations venus à Rome pour la fête du 8. Cette vaste chapelle était comble, et l'on évalue à quatre mille les prêtres qui s'y trouvaient. Une centaine n'étaient à Rome que depuis quelques heures, et n'avaient pas même eu le temps de quitter leurs habits de voyage.

Le Saint-Père a daigné leur adresser une allocution en langue latine. Après avoir dit combien il était heureux de les voir en si grand nombre autour de lui dans les tristes circonstances où nous sommes, Pie IX leur a recommandé de rester toujours attachés à l'Eglise et à leurs évêques, par les triples liens de la prière, de la charité, de la doctrine. Puis il les a chargés de transmettre à leurs ouailles la bénédiction apostolique avec l'indulgence plénière, sous les conditions d'usage en pareil cas.

Frémissante était l'assemblée à ce discours du Saint-Père. Alors, cédant à une inspiration unanime, elle entonna d'une seule voix : *Dominus conservet eum*, etc., comme aux litanies des saints. — Les prêtres français comptaient pour un tiers dans cette imposante réunion.

Du reste, Pie IX donnait chaque jour audience aux pèlerins nouvellement arrivés. Souvent un millier de personnes s'y présentaient à la fois, et l'on raconte que telle était leur vivacité à exprimer au Pape leurs sentiments, que les lois de l'étiquette ont été çà et là oubliées ; mais Lui ne voyait que l'amour de ses enfants, et il leur en témoignait son émotion avec une bonté inexprimable.

VII. — LA CANONISATION.

Le jour de la Pentecôte 1862 sera, dit le *Monde*, un jour entre tous mémorable dans les annales de l'Eglise. Le spectacle qu'a présenté Rome aujourd'hui, est unique dans l'histoire. Jamais Rome n'avait vu un tel concours des représentants de l'Eglise universelle ; jamais il ne s'était produit un pareil mouvement de concentration et d'unité. Aujourd'hui ce ne sont pas seulement trois cent vingt évêques qui ont entouré le Souverain Pontife, ni cent mille catholiques accourus de tous les points du globe ; mais ce sont deux cents millions de chrétiens qui étaient là, à Rome, par leurs désirs et leurs espérances. Et comme la circonstance a été merveilleusement choisie! La fête de la Pentecôte est la fête même de l'Eglise : c'est dans le Cénacle que celle-ci a commencé, au moment de l'effusion du Saint-Esprit sur les apôtres. Eh bien! jamais l'Eglise n'a mieux consacré, qu'en ce 8 juin 1862, le souvenir de sa fondation. Aujourd'hui, comme à la première Pentecôte chrétienne, les apôtres et les disciples étaient réunis autour de Pierre, et l'Esprit de Dieu s'est reposé sur eux.

Mais l'Esprit de Dieu, c'est l'amour. Aussi, voyez tous ces évêques, et ces prêtres et ces fidèles réunis autour du Père commun : comme ils l'aiment et comme ils s'aiment entre eux! Ce n'est qu'une immense famille où règne la plus admirable unité de sentiments. Aujourd'hui donc plus que jamais s'est réalisée la prière du Sauveur : *Ut omnes unum sint*.

La cérémonie a duré six heures. 44 cardinaux, 278 évêques, tout le corps diplomatique y assistaient. La basilique du Vatican, magnifiquement décorée, était éclairée par dix mille cierges. Voici comment le journal de Rome rend compte de cette fête :

« L'aube éclairait à peine un splendide horizon, saluée par l'artillerie du château Saint-Ange et par les oriflammes de l'Eglise arborées sur les tours, que le peuple descendait des sept collines, roulant ses flots comme une mer agitée vers la basilique Vaticane, dont il allait remplir et l'enceinte et la place.

» La basilique était décorée avec une magnificence digne de l'auguste cérémonie qui devait y avoir lieu, et avait ajouté aux trophées de Pierre ceux des héros que son successeur allait couronner de gloire.

» La façade de la basilique était ornée de l'effigie de ces nobles athlètes qui méprisèrent la vie pour l'offrir en holocauste au Seigneur. Voici attachés sur la croix, au-dessus de la porte principale du temple, les vingt-trois enfants du pauvre d'Assise; en vain chercheriez-vous sur leurs corps cloués à ce bois d'angoisse une seule contorsion de douleur : ils prêchent encore à la foule étonnée ce Jésus qui a converti en honneur l'ignominie de la croix. A droite, sur la porte suivante, sont les trois disciples de Loyola, eux aussi crucifiés et couronnés de la gloire de la foi, au milieu des humiliations du monde : à gauche, au-dessus de la troisième porte, le fidèle contemple Jésus-Christ mettant avec une bonté infinie son divin cœur dans le sein de son pieux serviteur, Michel de Sanctis. — De courtes inscriptions latines, disposées entre les portes de l'atrium, donnent la raison de cette solennité.

» Il était un peu plus de sept heures quand la tête de la procession qui accompagnait le Saint-Père est entrée dans l'enceinte du temple.

» Les assistants, disposés sur deux files, tenaient un cierge allumé et un petit livre de psaumes et d'hymnes imprimé par commandement exprès de Sa Sainteté. Le chant avait commencé, comme en ces sortes de *supplications*, par l'*Ave, maris stella*, entonné par le Saint-Père après qu'il eût revêtu les ornements pontificaux.

» En tête de la procession s'avançaient sous leur bannière respective les religieux et les chanoines réguliers, suivis de la croix du clergé séculier, des élèves du Séminaire Romain, du Collége des Curés, et des chanoines et clergé des basiliques mineures et patriarchales.

» Les membres du tribunal de la S. Congrégation des Rites, les Consulteurs et les Prélats officiers précédaient les bannières des Bienheureux. La première, représentant le confesseur Michel de Sanctis, était portée derrière six Trinitaires Déchaussés, en cotte, et tenant de gros cierges inclinés ; quatre Pères du même Ordre portaient les cordons de soie, et des membres de l'Archiconfrérie du Gonfalon soutenaient la bannière. Les frères de Sainte-Marie *dellà Pietà* et de Saint-François-Xavier portaient la seconde, où étaient représentés le B. Paul Miki et ses compagnons, martyrs. Quatre Pères de la Compagnie de Jésus tenaient les cordons, et six autres précédaient avec des cierges. La troisième bannière, celle des martyrs franciscains, était soutenue par les Confrères des Stigmates et précédée de cinq Franciscains tenant leur cierge.

» Suivait la Chapelle pontificale et le personnel des divers colléges de la Prélature. Après eux, le dernier auditeur de Rote portait la croix papale, fixée sur une hampe. Le Prélat-doyen de la Signature balançait l'encensoir devant elle ; sept votants de la Signature, faisant les fonctions d'acolytes, tenaient autour d'elle des cierges allumés ornés d'arabesques.

» Le clergé séculier portait les ornements rouges ; le diacre et le sous-diacre grecs, les ornements de leur rite. Ils étaient suivis des Pères-Pénitenciers du Vatican, en chasuble damassée ; les évêques, archevêques, Primats, Patriarches portaient la chape de *lama* et la mitre de lin ; les Pères du Sacré-Collège, qui venaient derrière eux, les ornements sacrés de leur ordre. Les cardinaux-diacres étaient en dalmatique, les cardinaux-prêtres en chasuble et les Cardinaux-évêques en chape.

» Plus près de Sa Sainteté s'avançaient les conservateurs et le sénateur de Rome, le prince assistant au trône, le cardinal-diacre Ministrant, les deux premiers maîtres des cérémonies. Les personnages dits de *custodia Pontificis* étaient rangés autour de l'auguste Chef de l'Eglise : officiers supérieurs de la garde palatine d'honneur, officiers de la garde suisse, camériers secrets d'épée et de cape, massiers et *Sediari*, tenant soulevée sur leurs épaules la *sedia gestatoria* où était assis le Souverain-Pontife, mitre en tête, enveloppé dans les plis du manteau pontifical, la main gauche recouverte d'un voile de soie brodé d'or et portant un cierge allumé ; la droite se levait de temps en temps pour bénir le peuple. Ce peuple, qui encombrait l'immense place, se heurtait, se soulevait pour découvrir le Maître infaillible de la foi porté sous le baldaquin, entre les *flabelli*, et s'agenouillait avec émotion et respect sous sa main bénissante.

» Derrière Sa Sainteté, quelques chapelains alternaient le chant de l'*Ave, maris stella ;* l'auditeur général de la Chambre, le trésorier général, le majordome, le personnel du Collége des Protonotaires apostoliques et les généraux d'Ordres fermaient la marche.

» Sa Sainteté ayant ordonné que tous les personnages, qui prendraient part à la procession, chanteraient le *Regina Cœli* en mettant le pied sur le seuil de la basilique, les chapelains ont entonné l'antienne. La tête de la procession attendait devant l'autel du Saint Sacrement. Sa Sainteté, descendant de la *sedia*, s'est agenouillée sur le prie-Dieu pour faire son adoration, et tout le personnel de la procession l'a imitée.

» Les bannières ont été déposées dans la chapelle.

» En ce moment le Saint-Père, reprenant place sur la *sedia gestatoria*, s'est dirigé vers le *presbiterio*, précédé de tout le personnel de la procession. Après une courte prière, Sa Sainteté s'est assise sur le siége pontifical pour recevoir l'obédience que les cardinaux ont prêtée en lui baisant la main, recouverte des franges du manteau ; les patriarches, les primats, les archevêques et les évêques, en baisant la croix de l'étole reposant sur son genou ; les abbés généraux et les pénitenciers de la basilique en lui baisant le pied.

» Chacun d'eux, après l'obédience, descendait les degrés du trône pour aller occuper le siége qui lui était affecté dans l'enceinte du *presbiterio*. L'ensemble de ces dignitaires formait autour du Père des fidèles une majestueuse assemblée, comme point ou bien peu de siècles passés ont eu occasion d'en contempler.

» Tous les dignitaires qui devaient assister le Chef de l'Eglise pendant la messe pontificale ont pris place alors autour de lui. A ses côtés se tenaient LL. EEm. les cardinaux Ugolini et Marini, diacres assistants ; à sa droite, et par rang de préséance, le prince Orsini, assistant au trône, et le marquis Antici Mattei, sénateur de Rome; la municipalité romaine et les avocats consistoriaux; à sa gauche, Mgr Ferrari, préfet des cérémonies et les deux camériers assistants. Sur les degrés du trône avaient pris place les archevêques que Sa Sainteté avait désignés. Les patriarches de Venise et des Indes-Occidentales étaient à côté de Sa Sainteté pour lui tenir le livre et la bougie.

» Après les deux premières *Postulations*, le Saint-Père a entonné le *Veni, Creator Spiritus*, qu'ont achevé les chapelains-chantres et le peuple, en alternant les strophes.

» Après que le Saint-Père eut récité l'oraison et se fut assis, les postulateurs se sont présentés pour la troisième fois, et le prélat-secrétaire a répondu que Sa Sainteté, intimement persuadée que la canonisation qu'on implorait d'Elle était une chose agréable à Dieu, se sentait disposée à prononcer la sentence définitive.

» A ces mots, l'assemblée s'est levée et le Saint-Père, la mitre en tête, assis sur sa chaire en qualité de Docteur et de Chef de l'Eglise universelle, a décrété « que l'Eglise universelle rendrait un culte de sainteté aux bienheureux Pierre-Baptiste et à ses 22 compagnons, de l'Ordre des Mineurs de saint François; — à Paul Miki et à ses deux compagnons, de la Société de Jésus, tous martyrs; — et à Michel de Sanctis, confesseur-prêtre de l'ordre des Trinitaires pour la rédemption ou le rachat des captifs. »

» Ce grand acte accompli, Sa Sainteté s'est levée, a déposé la mitre et entonné le *Te Deum*. Quarante mille voix ont poursuivi le chant pour donner un libre cours à l'émotion qui faisait battre tous les cœurs, et pour rendre grâce à Dieu, qui venait de se glorifier dans ses saints. Les cloches de la basilique communiquaient la joie de l'assistance aux fidèles qui n'avaient pu en faire partie; les canons du château Saint-Ange annonçaient le grand événement à la Ville-Eternelle, et les cloches de toutes les églises conviaient tous les fidèles à réciter les prières prescrites pour gagner les indulgences. Les cœurs étaient pénétrés d'une sainte allégresse, de l'allégresse du Seigneur.

» Le Saint-Père, montant alors sur le trône de Tierce, a pris les ornements pontificaux pour la messe qu'il allait célébrer ; outre les prélats désignés comme assistants au trône, l'Eminentissime Mattei assistait Sa Sainteté en qualité de cardinal-évêque, l'Eminentissime Antonelli en qualité de diacre ministrant, et Mgr Nardi, auditeur de Rote, en qualité de sous-diacre apostolique. L'oraison des nouveaux saints a été unie à celle du jour, sous la même formule finale, et après le chant de l'Evangile en grec et en latin, Sa Sainteté a prononcé une émouvante homélie en l'honneur des vingt-sept confesseurs de la foi.

» La présentation des oblations de cierges, de pain, de vin, d'eau, de deux tourterelles, de deux colombes et de quelques petits oiseaux a eu lieu au moment de l'offertoire.

» Les oblations étaient disposées sur trois tables à gauche de l'autel. Chaque table correspondant à une des trois postulations supportait cinq cierges peints aux armes du Souverain-Pontife et de l'ordre religieux auquel appartenait le Saint. A côté étaient deux pains, l'un doré, l'autre argenté, aux armes de Sa Sainteté et déposés sur des plateaux d'argent. Deux petits barils, l'un doré, l'autre argenté, renfermaient le vin et l'eau, et trois cages les tourterelles, les colombes et les petits oiseaux.

» Le Saint-Père, déposant alors le grémial qu'il avait pris pendant les offrandes, s'est lavé les mains dans l'eau que lui versait le sénateur de Rome et s'est essuyé avec le linge que lui présentait le Cardinal-Evêque assistant. Après quoi il a poursuivi la célébration de la messe.

» Le saint sacrifice terminé et le *Presbiterio* offert, selon l'usage, par l'éminentissime doyen du Sacré-Collége, Sa Sainteté a déposé les ornements sacrés dans la chapelle *dellà Pietà* et s'est retirée dans ses appartements.

L'affluence des fidèles de toutes conditions et de toutes

nations accourus dans la basilique pour partager les émotions de cette solennité, a été extraordinaire, au-delà de toute attente. On remarquait dans des tribunes séparées LL. MM. le roi et la reine des Deux-Siciles, S. M. la reine veuve de Naples, LL. AA. RR. le prince et les princesses ses enfants, LL. AA. RR. le comte et la comtesse de Trapani et Dona Isabelle-Marie, infante du Portugal. Le corps diplomatique et tout ce qu'il y avait à Rome de notabilités romaines ou de l'étranger, avait également pris place dans les tribunes.

» La cérémonie a fini à une heure de l'après-midi : la foule a passé le reste de cette grande journée dans l'allégresse et dans le recueillement. Le soir, les églises des Franciscains, des Jésuites et des Trinitaires ont été brillamment illuminées, ainsi que le pont Saint-Ange, dont les piles étaient couvertes de torches se réfléchissant dans les eaux du Tibre. » *(Giornale di Roma.)*

VIII. — LUNDI DE LA PENTECOTE.

Sa Sainteté a prononcé l'allocution suivante dans le Consistoire tenu ce matin :

« VÉNÉRABLES FRÈRES,

Nous avons été pénétré d'une joie profonde, lorsque nous avons pu hier, avec l'aide de Dieu, décerner les honneurs et le culte des saints à vingt-sept intrépides héros de notre divine religion, et cela en vous possédant à nos côtés, vous qui, doués d'une si haute piété et de tant de vertus, appelés à partager notre sollicitude au milieu de temps si douloureux, combattant vaillamment pour la maison d'Israël, êtes pour nous une consolation et un appui souverain.

Plût à Dieu que, pendant que nous sommes inondé de cette joie, aucune cause de chagrin et de deuil ne vînt nous contrister d'ailleurs ! En effet, nous ne pouvons pas ne pas être accablé de douleur et d'angoisses, lorsque nous voyons les dommages et les maux si tristes et à jamais déplorables dont l'Eglise catholique et la société civile elle-même sont misérablement tourmentées et opprimées au grand détriment des âmes. Vous connaissez, en effet, vénérables frères, cette guerre implacable déclarée au catholicisme tout entier, par ces hommes qui, ennemis de la croix de Jésus-Christ, impatients ennemis de la saine doctrine, unis entre eux par une coupable alliance, ignorent tout, blasphèment tout, et entreprennent d'ébranler les fondements de la société humaine, bien plus, de la renverser de fond en comble si cela était possible ; de pervertir les esprits et les cœurs, de les remplir des plus pernicieuses erreurs, et de les arracher à la religion catholique.

Ces perfides artisans de fraudes, ces fabricateurs de mensonges ne cessent pas de faire sortir des ténèbres les monstrueuses erreurs des anciens temps, déjà tant de fois réfutées et vaincues par les plus sages et les plus savants écrits et condamnées par les plus sévères jugements de l'Eglise ; de les exagérer en les revêtant de formes et de paroles nouvelles et fallacieuses, et de les propager partout et de toute manière. Avec cet art détestable et vraiment satanique, ils souillent et pervertissent toute science, ils répandent pour la perte des âmes un poison mortel, ils favorisent une licence effrénée et les plus mauvaises passions ; ils bouleversent l'ordre religieux et social ; ils s'efforcent de détruire toute idée de justice, de vérité, de droit, d'honneur et de religion, et ils tournent en dérision, insultent et méprisent la doctrine et les saints préceptes du Christ. L'esprit se refuse et recule d'horreur à toucher, même légèrement, les principales de ces erreurs pestilentielles par lesquelles ces hommes dans nos temps malheureux troublent toutes les choses divines et humaines.

Personne de vous n'ignore, vénérables frères, que ces hommes détruisent complètement la cohésion nécessaire qui, par la volonté de Dieu, unit l'ordre naturel et l'ordre surnaturel ; et qu'en même temps ils changent, renversent et abolissent le caractère propre, véritable, légitime de la Révélation divine, l'autorité, la constitution et la puissance de l'Eglise. Et ils en arrivent à cette témérité d'opinion qu'ils ne craignent point de nier audacieusement toute vérité, toute loi, toute puissance, tout droit d'origine divine ; ils n'ont pas honte d'affirmer que la science de la philosophie et de la morale, ainsi que les lois civiles, peuvent et doivent ne pas relever de la révélation et décliner l'autorité de l'Eglise ; que l'Eglise n'est pas une société véritable et parfaite, pleinement libre, et qu'elle ne peut pas s'appuyer sur les droits propres et permanents que lui a conférés son divin fondateur ; mais qu'il appartient à la puissance civile de définir quels sont les droits de l'Eglise et dans quelles limites elle peut les exercer.

De là, ils concluent à tort que la puissance civile peut s'immiscer aux choses qui appartiennent à la religion, aux mœurs et au gouvernement spirituel, et même empêcher que les prélats et les peuples fidèles communiquent librement et mutuellement avec le Pontife romain, divinement établi le pasteur suprême de toute l'Eglise, et cela afin de dissoudre cette nécessaire et très étroite union qui, par l'institution divine de Notre Seigneur lui-même, doit exister entre les membres mystiques du corps du Christ et son Chef vénérable. Ils ne craignent pas non plus de proclamer avec ruse et fausseté, devant la multitude, que les ministres de l'Eglise et le Pontife romain doivent être exclus de tous droits et de toute puissance temporelle.

En outre, ils n'hésitent pas dans leur extrême impudence, à affirmer que non-seulement la Révélation divine ne sert à rien, mais qu'elle nuit à la perfection de l'homme, qu'elle est elle-même imparfaite et par conséquent soumise à un progrès *continu* et *indéfini* qui doit répondre au progrès de la raison humaine. Aussi osent-ils prétendre que les prophéties et les miracles exposés et racontés dans les livres sacrés sont des fables de poètes, que les saints mystères de notre foi sont le résultat d'investigations philosophiques, que les livres divins de l'Ancien et du Nouveau Testament ne contiennent que des mythes et que, ce qui est horrible à dire, Notre Seigneur Jésus-Christ est une fiction mythique.

En conséquence, ces turbulents adeptes de dogmes pervers soutiennent que les lois morales n'ont pas besoin de sanction divine, qu'il n'est point nécessaire que les lois humaines se conforment au droit naturel ou reçoivent de Dieu la force obligatoire, et ils affirment que la loi divine n'existe pas. De plus, ils nient toute action de Dieu sur le monde et sur les hommes et ils avancent témérairement que la raison humaine, sans tenir compte de Dieu, est l'unique arbitre du vrai et du faux, du bien et du mal ; qu'elle est à elle-même sa loi, et qu'elle suffit par ses forces naturelles pour procurer le bien des hommes et des peuples. Tandis qu'ils font malicieusement dériver toutes les vérités de religion de la force native de la raison humaine ; ils accordent à chaque homme une sorte de droit primordial par lequel il peut librement penser et parler de religion, et rendre à Dieu l'honneur et le culte qu'il trouve le meilleur selon son caprice.

Or, ils en viennent à ce degré d'impiété et d'impudence qu'ils attaquent le ciel et s'efforcent d'éliminer Dieu lui-même. En effet, dans une méchanceté qui n'a d'égale que leur sottise, ils ne craignent pas d'affirmer que la divinité suprême, pleine de sagesse et de providence, n'est pas distincte de l'universalité des choses ; que Dieu est la même chose que la Nature, sujet comme elle aux changements, que Dieu se confond avec l'homme et le monde, que tout est Dieu, que Dieu est une même substance, une même chose que le monde, et par suite qu'il n'y a point de différence entre l'esprit et la matière, la nécessité et la liberté, le vrai et le faux, le bien et le mal, le juste et l'injuste.

Certes, rien de plus insensé, rien de plus impie, rien de plus répugnant à la raison même ne saurait être imaginé. Ils font dérision de l'autorité et du droit avec tant de témérité qu'ils ont l'impudence de dire que l'autorité n'est rien, si ce n'est celle du nombre et de la force matérielle, que le droit consiste dans le fait, que les devoirs des hommes sont un vain mot et que tous les faits humains ont force de droit.

Ajoutant ensuite les mensonges aux mensonges, les délires aux délires, foulant aux pieds toute autorité légitime, tout droit légitime, toute obligation, tout devoir, ils n'hésitent pas à substituer à la place du droit véritable et légitime le droit faux et menteur de la force et à subordonner l'ordre moral à l'ordre matériel. Ils ne reconnaissent d'autre force que celle qui réside dans la matière. Ils mettent toute la morale et l'honneur à accumuler la richesse par quelque moyen que ce soit et assouvir toutes les passions dépravées.

Par ces principes abominables, ils favorisent la rebellion de la chair contre l'esprit ; ils l'entretiennent et l'exaltent, et ils lui accordent ces droits et ces dons naturels qu'ils prétendent méconnus par la doctrine catholique ; méprisant ainsi l'avertissement de l'Apôtre, qui s'écrie : « Si vous vivez selon la chair, vous mourrez ; si vous mortifiez la chair par l'esprit, vous vivrez. » Ils s'efforcent d'envahir et d'anéantir les droits de toute propriété légitime, et ils imaginent, par la perversité de leur esprit, une sorte de droit *affranchi de toute limite*, dont, selon eux, jouirait l'Etat, dans lequel ils prétendent témérairement voir la source et l'origine de tous les droits.

Mais pendant que nous parcourons rapidement et avec douleur ces erreurs principales de notre malheureux siècle, nous oublions de rappeler, vénérables frères, tant d'autres faussetés presque innombrables que vous connaissez parfaitement et à l'aide desquelles les ennemis de Dieu et des hommes s'efforcent de troubler et d'ébranler la société religieuse et la société civile. Nous passons sous silence les injures, les calomnies, les outrages si graves et si multipliés dont ils ne cessent de poursuivre les ministres de l'Eglise et ce siège apostolique.

Nous ne parlons pas de cette hypocrisie odieuse avec laquelle les chefs et les satellites de cette rébellion et de ce désordre, surtout en Italie, affectent de dire qu'ils veulent que l'Eglise jouisse de sa liberté, tandis qu'avec une audace sacrilège, ils foulent aux pieds de plus en plus chaque jour les droits et les lois de cette Eglise, la dépouillent de ses biens, persécutent des prélats et des ecclésiastiques noblement voués à leur ministère, les emprisonnent, chassent violemment de leurs asiles les disciples des ordres religieux et les vierges consacrées à Dieu, et ne reculent devant aucune entreprise pour réduire à une honteuse servitude et pour opprimer l'Eglise.

Pendant que votre présence si désirée nous cause une allégresse singulière, vous êtes témoins vous-mêmes de la liberté qu'ont aujourd'hui en Italie nos vénérables frères de l'Episcopat, qui, combattant avec courage et persévérance les combats du Seigneur, ont été, à notre profonde douleur, empêchés de venir vers nous et de se trouver avec vous, d'assister à cette assemblée, ce qu'ils désiraient si vivement, ainsi que les archevêques et évêques de la malheureuse Italie nous l'ont fait savoir par leurs lettres toutes remplies, envers nous et envers ce Saint-Siège, d'amour et de dévouement.

Vous ne voyez non plus ici aucun des prélats du Portugal, et nous sommes vivement affligé en considérant la nature des difficultés qui se sont opposées à ce qu'ils prissent le chemin de Rome. Nous omettons aussi de rappeler les tristes horreurs que les sectateurs de ces perverses doctrines accomplissent, à la cruelle désolation de notre cœur, du vôtre et de celui des gens de bien. Nous ne disons rien de cette conspiration impie, de ces manœuvres coupables et fallacieuses par lesquelles ils veulent renverser et détruire la souveraineté temporelle de ce Saint-Siège.

Il nous plaît davantage de rappeler cette admirable unanimité avec laquelle vous-mêmes, unis à tous les vénérables prélats de l'univers catholique, vous n'avez jamais cessé, et par vos lettres à Nous adressées, et par vos écrits pastoraux adressés aux fidèles, de dévoiler et réfuter ces perfidies, enseignant en même temps que cette souveraineté temporelle du Saint-Siège a été donnée au Pontife romain par un dessein particulier de la divine Providence, et qu'elle est nécessaire, afin que ce Pontife romain, n'étant sujet d'aucun prince ou d'aucun pouvoir civil, exerce dans toute l'Eglise, avec la plénitude de sa liberté, la suprême puissance et autorité dont il a été divinement investi par N. S. Jésus-Christ lui-même, pour conduire et gouverner le troupeau entier du Seigneur, et qu'il puisse pourvoir au plus grand bien de l'Eglise, aux besoins et aux avantages des fidèles.

Les sujets lamentables dont nous vous avons jusqu'ici entretenus, vénérables frères, forment sans doute un douloureux spectacle. Qui ne voit, en effet, que tant de dogmes impies, que tant de machinations et de folies dépravées corrompent chaque jour plus misérablement le peuple chrétien, le poussent à sa ruine, attaquent l'Eglise catholique, sa doctrine salutaire, ses droits et ses lois vénérables, ses ministres sacrés, propagent les vices et les crimes, et bouleversent la société civile elle-même ?

Aussi, quant à nous, nous souvenant de notre charge apostolique, et plein de sollicitude pour le salut spirituel de tous les peuples qui nous ont été divinement confiés;

« comme, » pour nous servir des mots de saint Léon notre prédécesseur, « nous ne pouvons autrement gouverner ceux qui nous sont confiés qu'en poursuivant avec le zèle de la foi du Seigneur, ceux qui pervertissent et sont pervertis, et en arrachant avec toute la sévérité possible ce venin des âmes, afin qu'il ne s'étende pas plus au loin ; » élevant notre voix apostolique en votre illustre assemblée, nous réprouvons, proscrivons et condamnons les erreurs ci-dessus énoncées, non-seulement comme contraires à la foi et à la doctrine catholiques, aux lois divines et ecclésiastiques, mais même à la loi et à la justice naturelle et éternelle, et à la droite raison.

Pour vous, vénérables frères, qui êtes le sel de la terre, les gardiens et les pasteurs du troupeau du Seigneur, nous vous exhortons et vous conjurons de plus en plus de continuer, avec votre admirable piété et votre zèle épiscopal, ainsi que vous l'avez fait, au souverain honneur de votre ordre, d'éloigner avec un soin et une vigilance extrêmes les fidèles qui vous sont confiés, de ces pâturages empoisonnés, de combattre et de réfuter la perversité monstrueuse de ces opinions, tant par la parole que par les écrits. Vous savez, en effet, qu'il s'agit d'intérêts suprêmes, puisqu'il s'agit de la cause de notre très sainte foi, de l'Eglise catholique, de sa doctrine, du salut des peuples, de la paix et de la tranquillité de la société humaine.

C'est pourquoi, autant qu'il est en vous, ne cessez jamais d'éloigner des fidèles la contagion de ce fléau, c'est-à-dire de détourner de leurs yeux et de leurs mains les livres et les journaux pernicieux, d'instruire les fidèles des saints préceptes de notre auguste religion, de les exhorter et de les avertir de fuir ces docteurs d'iniquité comme on fuit la rencontre d'un serpent. Portez tous vos soins et toutes vos sollicitudes particulières à ce que le clergé soit saintement et savamment intruit et qu'il brille de toutes les vertus, que la jeunesse des deux sexes soit formée à l'honnêteté du cœur, à la piété et à toutes les vertus, que l'ordre des études soit salutaire.

Veillez avec une extrême diligence à ce que, dans les lettres et dans les fortes et hautes études, rien ne se glisse qui soit contraire à la foi, à la religion et aux bonnes mœurs. Agissez avec une énergie virile, vénérables frères, et, dans cette grande perturbation des temps, ne laissez pas abattre votre courage ; mais appuyés par le secours divin, prenant le bouclier inexpugnable de la justice et de la foi, saisissant le glaive spirituel qui est la parole de Dieu, ne cessez pas de vous opposer aux efforts de tous les ennemis de l'Eglise catholique et de ce siège apostolique, de briser leurs traits et de rompre leurs assauts.

Et cependant, les yeux élevés jour et nuit vers le ciel, ne cessons pas, vénérables frères, d'implorer dans l'humilité de notre cœur, et par nos plus ferventes prières, le Père des miséricordes et le Dieu de toute consolation qui fait luire la lumière dans les ténèbres, qui des pierres même peut faire sortir des enfants d'Abraham, et de le conjurer par les mérites de Jésus-Christ Notre Seigneur, son fils unique, de tendre une main secourable à la société chrétienne et civile, de dissiper toutes les erreurs et les impiétés, d'éclairer des clartés de sa grâce les intelligences de ceux qui s'égarent, de les convertir et de les rappeler à lui, d'assurer à sa sainte Eglise la paix désirée, afin qu'elle obtienne par toute la terre de plus grands accroissements et qu'elle y fleurisse et y prospère.

Afin que nous puissions obtenir plus facilement ce que nous demandons, prenons pour médiatrice auprès de Dieu, la Vierge Marie, qui, pleine de miséricorde et d'amour pour tous les hommes, a toujours anéanti toutes les hérésies, et de qui le patronage auprès de Dieu n'a jamais été plus opportun. Sollicitons aussi les suffrages tant de saint Joseph, l'époux de la Très Sainte Vierge, que des saints apôtres Pierre et Paul, de tous les habitants des cieux, et surtout de ceux que nous honorons et vénérons comme venant d'être inscrits dans les fastes de la sainteté.

Avant de mettre un terme à Nos paroles, nous ne pouvons résister au désir de confirmer de nouveau le témoignage de la suprême consolation qui nous pénètre en jouissant de votre admirable concours, à vous, vénérables frères, qui attachés à Nous et à cette chaire de Pierre par les liens de la fidélité, de la piété et de la révérence, et remplissant votre ministère avec un zèle admirable, vous glorifiez de procurer la plus grande gloire de Dieu et le salut des âmes ; vous qui, dans la plus étroite concorde de vos âmes, ne cessez pas, ainsi que vos vénérables frères les Evêques de tout l'univers catholique et les fidèles confiés à leurs soins, d'apporter de toute manière des soulagements et des adoucissements à nos graves angoisses et à nos cruelles amertumes.

C'est pourquoi, en cette occasion, nous faisons profession publique, et par le langage le plus affectueux, de la reconnaissance et de l'amour que nous portons à vous, à ces vénérables frères et à tous ces fidèles. Et nous vous demandons que, de retour dans vos diocèses, vous veuilliez, en notre nom, faire connaître ces sentiments aux fidèles remis à vos soins, et les assurer de notre affection paternelle en leur conférant la bénédiction apostolique, que, du fond de notre cœur et avec les vœux les meilleurs de toute vraie félicité, nous sommes heureux d'accorder à vous, vénérables frères, et à eux-mêmes. — *(Journal de Rome.)*

Après l'Allocution de Sa Sainteté, le Cardinal Mattei, doyen du Sacré Collège, s'est approché du trône pontifical, et a lu au Saint Père l'Adresse suivante de tous les Evêques présents à Rome :

Très Saint Père,

Depuis que les Apôtres de Jésus-Christ, au jour sacré de la Pentecôte, étroitement unis à Pierre, chef de l'Eglise, reçurent le Saint-Esprit, et qu'entraînés par sa divine impulsion, ils annoncèrent à des hommes de presque toutes les nations rassemblés dans la ville sainte, et à chacun dans sa langue, les merveilles de la puissance de Dieu, jamais, nous le croyons, jusqu'à ce jour et au retour de cette même solennité, autant de leurs héritiers ne se sont trouvés réunis autour du vénérable successeur de Pierre pour entendre sa parole, pour écouter ses décrets, pour fortifier son autorité.

Or, de même que rien ne pouvait arriver de plus doux aux Apôtres, à travers les périls de l'Eglise naissante, que d'environner le premier Vicaire de Jésus-Christ sur cette terre, tout récemment inspiré de l'Esprit de Dieu ; ainsi, pour nous, au milieu des angoisses présentes de la sainte Eglise, rien n'est plus cher, rien n'est plus sacré que de déposer aux pieds de Votre Béatitude tout ce que nos cœurs contiennent de vénération et d'amour pour Votre Saintete, et, en même temps, de déclarer unanimement de quelle admiration nous sommes pénétrés pour les hautes vertus dont brille notre Pontife souverain, et combien du fond de nos entrailles nous adhérons à ce que, nouveau Pierre, il a enseigné, à ce qu'il a si courageusement résolu et décidé.

Une nouvelle ardeur enflamme nos cœurs ; une lumière de foi plus vivifiante éclaire nos intelligences, un amour plus sacré saisit nos âmes. Nous sentons nos langues vibrantes de ces flammes qui allumaient, d'un désir ardent pour le salut des hommes, le cœur de Marie près de laquelle étaient les Apôtres et entraînaient ces mêmes Apôtres à proclamer les grandeurs de Dieu.

Rendant donc de vives actions de grâces à Votre Béatitude de ce qu'elle nous a permis, en ces temps si difficiles, d'approcher de son trône pontifical, de vous consoler dans vos afflictions et de vous témoigner publiquement les sentiments qui inspirent nous-mêmes, notre clergé et les peuples confiés à nos soins, nous vous adressons d'une seule voix et d'un seul cœur nos acclamations, nos souhaits et nos vœux de bonheur.

Vivez longtemps, Saint-Père, et heureusement pour le gouvernement de l'Eglise catholique. Continuez, comme vous le faites, à la protéger par votre énergie, à la diriger par votre prudence, à l'orner par vos vertus. Marchez devant nous, comme le bon pasteur, donnez-nous l'exemple, paissez les brebis et les agneaux dans les célestes pâturages, fortifiez-les par les eaux célestes de la sagesse. Car vous êtes pour nous le maître de la saine doctrine, vous êtes le centre de l'unité, vous êtes pour les peuples la lumière indéfectible préparée par la sagesse divine, vous êtes la pierre, vous êtes le fondement de l'Eglise elle-même, contre laquelle les portes de l'enfer ne prévaudront jamais. Quand vous parlez, c'est Pierre que nous entendons ; quand vous décrétez, c'est à Jésus-Christ que nous obéissons. Nous vous admirons au milieu de tant d'épreuves et de tempêtes, le front serein, le cœur imperturbable, accomplissant votre ministère sacré, invincible et debout.

Mais tandis que nous avons ainsi tant de sujets de nous glorifier, nous ne pouvons pas nous empêcher en même temps de tourner nos regards vers de tristes spectacles. De toutes parts, en effet, se dressent devant nos esprits ces crimes épouvantables qui ont dévasté misérablement cette belle terre d'Italie, dont vous, bienheureux Père, êtes l'honneur et l'appui, et qui s'efforcent d'ébranler et de renverser votre souveraineté et celle de ce Saint-Siége, de qui tout ce qu'il y a de beau dans la société civile a découlé comme de sa source originelle. Ni les droits permanents des siècles, ni la longue et pacifique possession du pouvoir, ni les traités sanctionnés et garantis par l'autorité de l'Europe entière, n'ont pu empêcher que tout ne fût bouleversé, au mépris de toutes les lois sur lesquelles jusqu'ici s'appuyaient l'existence et la durée des Etats.

Pour nous occuper de ce qui nous touche de plus près,

vous, Très Saint-Père, nous vous voyons, par le crime de ces usurpateurs qui ne prennent la « liberté que pour voile de leur malice, » dépouillé de ces provinces qui jouissaient d'une équitable administration par les soins et sous la protection de la dignité du Saint-Siège et de toute l'Eglise. Votre Sainteté a résisté avec un invincible courage à ces iniques violences, et nous devons vous en rendre les plus vives actions de grâces au nom de tous les catholiques.

En effet, nous reconnaissons que la souveraineté temporelle du Saint-Siège est une nécessité et qu'elle a été établie par un dessein manifeste de la Providence divine ; nous n'hésitons pas à déclarer, que dans l'état présent des choses humaines, cette souveraineté temporelle est absolument requise pour le bien de l'Eglise et pour le libre gouvernement des âmes. Il fallait assurément que le Pontife romain, chef de toute l'Eglise, ne fût ni le sujet ni même l'hôte d'aucun prince ; mais qu'assis sur son trône et maître dans son domaine et son propre royaume, il ne reconnût de droit que le sien et pût, dans une noble, paisible et douce liberté, protéger la foi catholique, défendre, régir et gouverner toute la République chrétienne.

Qui donc pourrait nier que dans le conflit des choses, des opinions et des institutions humaines, il faille au centre de l'Europe un lieu sacré, placé entre les trois continents du vieux monde, un siège auguste, d'où s'élève tour à tour, pour les peuples et pour les princes, une voix grande et puissante, la voix de la justice et de la liberté, impartiale et sans préférence, libre de toute influence arbitraire, et qui ne puisse ni être comprimée par la terreur, ni circonvenue par les artifices ?

Comment donc et de quelle manière aurait-il pu se faire que les prélats de l'Eglise venant de tous les points de l'univers, représentant tous les peuples et toutes les contrées, arrivassent ici en sécurité pour conférer avec Votre Sainteté des plus graves intérêts, s'ils y eussent trouvé un prince quelconque dominant sur ces bords, qui eût en suspicion leurs propres princes ou qui eût été suspecté par eux, à cause de son hostilité? Il y a, en effet, les devoirs du chrétien, et il y a les devoirs du citoyen; devoirs qui ne sont nullement contraires, mais qui sont différents; comment les évêques pourraient-ils les accomplir s'il ne dominait pas à Rome une souveraineté temporelle telle que la souveraineté pontificale, exempte de tout droit d'autrui, et, centre de la concorde universelle, n'aspirant à aucune ambition humaine, ne préparant rien pour la domination terrestre?

Nous sommes venus libres vers le Pontife-Roi libre, pasteurs dans les choses de l'Eglise, citoyens dévoués au bien et aux intérêts de la patrie, et ne manquant ni à nos devoirs de pasteurs ni à nos devoirs de citoyens.

Puisqu'il en est ainsi, qui donc oserait attaquer cette souveraineté si ancienne, fondée sur une telle force des choses? Quelle autre puissance lui pourrait être comparée, si l'on considère même ce droit humain sur lequel reposent la sécurité des princes et la liberté des peuples? Quelle puissance est aussi vénérable et sainte? Quelle monarchie ou quelle république peut se glorifier, dans les siècles passés ou modernes, de droits si augustes, si anciens, si inviolables? Ces droits, si une fois et pour ce Saint-Siége ils étaient méprisés et foulés aux pieds, quel prince serait assuré de garder son royaume? quelle république son territoire? Aussi, Très Saint-Père, c'est pour la religion sans doute, mais c'est aussi pour la justice et pour le droit, qui sont parmi les nations les fondements des choses humaines, que Vous luttez et que Vous combattez.

Mais il ne nous appartient pas de parler plus longtemps de cette grave matière, nous qui avons écouté sur elle non pas tant vos paroles que vos enseignements. Votre voix, en effet, semblable à la trompette sacerdotale, a proclamé dans tout l'univers que « c'est par un dessein

» particulier de la divine Providence que le Pontife ro» main, placé par Jésus Christ comme le chef et le cen» tre de toute son Eglise, a obtenu une souveraineté » temporelle. (1) » Nous devons donc nous tenir pour certains que cette souveraineté n'a pas été fortuitement acquise au Saint-Siège, mais qu'elle lui a été attribuée par une disposition spéciale de Dieu, par une longue série d'années, par le consentement unanime de tous les Etats et de tous les empires, et qu'elle a été fortifiée et maintenue par une sorte de miracle.

Vous avez également déclaré, dans un langage élevé et solennel, « que vous vouliez conserver énergiquement et » garder entiers et inviolables la souveraineté civile de » l'Eglise romaine, ses possessions temporelles et ses » droits, qui appartiennent à l'univers catholique; que la » protection de la souveraineté du Saint-Siège et du pa» trimoine de saint Pierre regardait tous les catholiques ; » que vous êtes prêt à sacrifier votre vie plutôt que d'a» bandonner en quoi que ce soit cette cause de Dieu, de » l'Eglise et de la justice (2). » Applaudissant par nos acclamations à ces magnifiques paroles, nous répondons que nous sommes prêts à aller avec vous à la prison et à la mort ; nous vous supplions humblement de demeurer inébranlable en ce ferme dessein et en cette constance, donnant aux anges et aux hommes le spectacle d'une âme invincible et d'un courage souverain.

C'est ce que vous demande l'Eglise de Jésus-Christ pour l'heureux gouvernement de laquelle la souveraineté temporelle a été providentiellement attribuée aux Pontifes romains, et qui a tellement senti que la protection de cette souveraineté était son affaire, qu'autrefois, durant la vacance du Siège apostolique et au milieu des plus re-

(1) Lettres ap. du 26 mai 1860 ; allocution du 20 juin 1859 ; encyclique du 9 juin 1860 ; allocution du 17 décembre 1860.

(2) Lettre encyclique du 19 janvier 1860.

doutables extrémités, tous les Pères du Concile de Constance ont voulu administrer eux-mêmes en commun les possessions temporelles de l'Eglise romaine, ainsi que les documents publics en font foi. C'est ce que vous demandent les chrétiens fidèles dispersés dans toutes les contrées du globe, qui se félicitent de nous avoir vus venir librement vaquer aux intérêts de leurs consciences ; c'est ce que vous demande enfin la société civile qui sent que la subversion de votre gouvernement ébranlerait ses propres fondements.

Qu'ajouter ? Vous avez condamné, par un juste jugement, ces hommes coupables qui ont envahi les biens ecclésiastiques, et vous avez proclamé « nul et de nul effet » tout ce qu'ils ont accompli (1); vous avez décrété que tous les actes tenus par eux étaient « illégitimes et sacrilèges (2); » vous avez déclaré avec raison et à bon droit, que les auteurs de ces forfaits étaient passibles des peines et censures ecclésiastiques (3).

Ces graves paroles de votre bouche, ces actes admirables, nous devons les accueillir avec respect et y renouveler notre plein assentiment. En effet, de même que le corps souffre avec la tête à laquelle il est uni par le lien des membres et par une même vie, de même il est nécessaire que nous soyons en parfaite sympathie avec vous. Nous sommes tellement joints à vous dans votre désolante affliction, que tout ce que vous souffrez, nous le souffrons également par l'accord de notre amour. Nous supplions Dieu qu'il mette fin à des perturbations si injustes et qu'il rende à sa liberté et à sa gloire première l'Eglise, épouse de son Fils, si misérablement dépouillée et opprimée.

Mais nous ne nous étonnons pas que les droits du Saint-Siège soient si ardemment et si implacablement attaqués.

(1) Allocution du 26 septembre 1859.

(2) Allocution du 20 juin 1859.

(3) Lettres apostoliques du 26 mars 1860.

Il y a déjà plusieurs années que la folie de certains hommes en est arrivée à ce point, non-seulement de s'efforcer de rejeter toutes les doctrines de l'Eglise ou de les révoquer en doute, mais de se proposer de renverser de fond en comble la vérité chrétienne et la république chrétienne.

De là ces tentatives impies d'une vaine science et d'une fausse érudition contre les doctrines de nos saintes lettres et leur inspiration divine ; de là ce soin perfide d'arracher la jeunesse à la tutelle maternelle de l'Eglise, pour la pénétrer des erreurs du siècle, souvent même en la soustrayant à toute éducation religieuse ; de là ces nouvelles et pernicieuses théories sur l'ordre social, politique et religieux qui se répandent impunément partout ; de là cette habitude trop familière à plusieurs dans ces contrées de mépriser l'autorité de l'Eglise, d'usurper ses droits, de méconnaître ses préceptes, d'insulter ses ministres, de faire dérision de son culte, d'avoir en honneur et d'exalter tous les hommes, surtout les ecclésiastiques qui s'écartent misérablement de la religion et marchent dans la voie de la perdition.

Les vénérables prélats et les prêtres du Seigneur sont dépossédés de leur pouvoir, contraints à l'exil ou jetés dans les fers ; ils sont traînés devant les tribunaux civils avec affront, pour être demeurés fidèles à leur saint ministère. Les épouses du Christ gémissent chassées de leurs asiles, consumées de détresse ou prêtes à mourir de misère ; les religieux sont forcés à rentrer dans le monde malgré eux ; des mains violentes s'étendent sur le patrimoine sacré de l'Eglise ; par des livres détestables, par les journaux, par les images, une guerre terrible et continuelle est déclarée à la fois aux mœurs, à la vérité, à la pudeur même.

Ceux qui se livrent à de telles agressions savent parfaitement que c'est dans le Saint-Siège, comme dans dans une forteresse inexpugnable, que résident la force et la vertu de toute justice et de toute vérité, et que les efforts de l'ennemi se brisent contre cette citadelle ; que le Saint-Siége est une vigie du haut de laquelle les yeux clairvoyants du gardien suprême aperçoivent de loin les embûches préparées pour les annoncer à ses compagnons. De là cette haine implacable, de là cette envie inguérissable, de là ce zèle passionné des hommes pervers qui voudraient déprimer l'Eglise romaine et le Saint-Siége apostolique et les détruire, s'il était jamais possible.

A cette vue, Bienheureux Père, ou seulement à ces récits, qui ne laisserait couler ses larmes ? Saisis donc d'une juste douleur, nous levons les yeux et les mains au Ciel, implorant de toutes les forces de notre âme l'Esprit divin, afin que lui qui, en ce jour, a fortifié et sanctionné sous l'autorité de Pierre l'Eglise naissante, la protège, l'étende, la glorifie encore sous votre houlette et sous votre sceptre. Qu'elle soit témoin des vœux que nous formons, Marie solennellement saluée par vous du titre d'Immaculée ; qu'elles en soient témoins, ces cendres sacrées des saints patrons de l'Eglise romaine, Pierre et Paul, ainsi que les reliques vénérables de tant de Pontifes, de martyrs et de confesseurs, qui rendent sainte et sacrée la terre même que nous foulons ; qu'ils en soient particulièrement témoins, ces bienheureux qu'aujourd'hui un suprême décret de vous a inscrits dans l'ordre des saints ; ils doivent prendre à un titre nouveau la protection de l'Eglise, et ils offriront pour vous, du haut de leurs autels, au Dieu tout-puissant leurs premières prières.

En leur présence donc, nous, évêques, afin que l'impiété ne feigne pas d'en ignorer ni ose le nier, nous condamnons les erreurs que vous avez condamnées, nous rejetons et détestons les doctrines nouvelles et étrangères qui se propagent partout au détriment de l'Eglise de Jésus-Christ ; nous condamnons et réprouvons les sacriléges, les rapines, les violations de l'immunité ecclésiastique et les autres forfaits commis contre l'Eglise et le Siége de Pierre.

Cette protestation, dont nous demandons l'inscription dans les fastes publics de l'Eglise, nous la proférons en toute sincérité au nom de nos frères qui sont absents; soit de ceux qui, au milieu de tant d'angoisses, retenus par la force dans leurs maisons, pleurent et se taisent; soit de ceux qui, empêchés par de graves affaires ou par leur mauvaise santé, n'ont pu se joindre à nous aujourd'hui. Nous ajoutons à nous notre clergé et le peuple fidèle, qui, animés comme nous d'une pieuse vénération et d'un profond amour, ont prouvé leur affection pour vous, tant par leurs prières assidues et sans relâche que par les offrandes du denier de Saint-Pierre, multipliées avec une généreuse largesse, sachant bien que leurs sacrifices doivent procurer à la fois et le soulagement des besoins du Pasteur suprême et la garde de sa liberté.

Plût à Dieu que tous les peuples s'entendissent pour mettre en sécurité cette cause sacrée de l'univers chrétien et de l'ordre social!

Plût à Dieu que les Rois et les puissants du siècle comprissent que la cause du Pontife est la cause de tous les princes et de tous les Etats! Plût à Dieu qu'ils vissent où tendent les criminels efforts de ses adversaires, et qu'enfin, ils prissent des résolutions décisives!

Plût à Dieu que vinssent à résipiscence ces quelques malheureux ecclésiastiques et religieux qui, oubliant leur vocation, refusant l'obéissance due aux supérieurs et usurpant témérairement l'autorité de l'Eglise, courent à leur perte!

Voilà ce que, pleurant avec vous, Très Saint-Père, nous sollicitons ardemment du Seigneur, pendant que prosternés à vos pieds nous demandons de vous cette force céleste, que donne votre bénédiction apostolique et paternelle. Qu'elle soit abondante, qu'elle sorte largement du fond même de votre cœur, afin que non-seulement elle s'étende sur nous, mais qu'elle découle sur nos frères bien-aimés qui sont absents et sur les fidèles qui nous sont confiés. Qu'elle soit pour nos douleurs et celles du monde un adoucissement et un soulagement, qu'elle relève notre faiblesse, qu'elle féconde nos travaux et nos œuvres, et qu'enfin elle amène promptement à la sainte Eglise de Dieu des temps plus heureux.

Rome, le VIII juin de l'an du Seigneur, mil huit cent soixante-deux.

Le Saint-Père a répondu :

« Les sentiments que vous nous avez exprimés, vénérables frères et fils bien-aimés, nous ont causé une joie profonde ; ce sont les gages de votre amour envers le Saint-Siège, et bien plus encore le témoignage éclatant et magnifique de ce lien de charité qui unit si étroitement les pasteurs de l'Eglise catholique non-seulement entre eux, mais avec la chaire de vérité ; d'où il est manifeste que le Dieu auteur de la paix et de la charité est avec nous. Et si Dieu est avec nous, qui sera contre nous ? Louange donc, honneur et gloire à Dieu ! A vous, paix, salut et joie ! paix à vos cœurs ! salut aux chrétiens fidèles commis à vos soins ! joie pour vous et pour eux, afin que vous soyez exaltés avec les saints, chantant un cantique nouveau dans la Maison du Seigeur pendant les siècles des siècles. » (*Journal de Rome*.)

Ensuite, Sa Sainteté a réuni les évêques à dîner dans le premier salon de la bibliothèque du Vatican. La table était de 360 couverts. Tous les prélats étrangers qui sont venus aux fêtes de la Canonisation ont été déclarés *nobles romains* par la municipalité de la ville éternelle. Enfin, les évêques et les prêtres ont reçu des médailles commémoratives de ce grand évènement.

On s'étonnera peut-être que les signatures de l'Adresse accusent l'abstention d'un certain nombre de cardinaux et d'évêques. La raison en est facile à comprendre. Les

Prélats non signataires sont ceux qui, résidant à Rome et participant au gouvernement universel de l'Eglise, n'ont pas cru qu'il leur fût convenable de signer une apologie de leur propre conduite. Toutes les personnes sensées applaudiront à ce sentiment de haute délicatesse.

S. Em. le cardinal Donnet nous a dit en outre que les seuls Prélats ayant charge d'âmes ont signé l'Adresse comme une protestation collective, faite au nom de leur clergé et de leurs diocésains. Les cardinaux Antonelli et Villecourt, par exemple, n'étant pas dans cette catégorie, sont absents de la liste ; mais qui mettra en doute leur dévouement au pouvoir temporel ?

Est-ce à dire, ajouterons-nous, que le pouvoir temporel ne succombera pas, du moins pour quelques heures, sous les coups de ses ennemis conjurés ? Non sans doute. Peut-être faudra-t-il qu'il disparaisse momentanément, pour que les peuples et les rois en comprennent mieux la nécessité ; mais précisément parce qu'il est nécessaire, nous le croyons immortel, et, mieux que le phénix, il renaîtra de ses cendres.

Qu'il nous soit permis de réfuter quelques autres insinuations malveillantes.

1. — La mauvaise presse a dit : « l'Allocution de Pie IX est trop véhémente ; elle ne prêche pas assez la conciliation. » — Le Pape ne peut trahir la vérité, dont il est au premier chef le dépositaire inviolable. Où voyons-nous, dans l'Ecriture sainte, que les envoyés de Dieu aient pactisé avec l'erreur ? Qui fut plus doux que le Christ, et, après lui, l'apôtre de la dilection ? Cependant, avec quelle énergie ils flétrissaient les doctrines qui pervertissaient le peuple !

Du reste, le Pape ne doit plus être seul en cause ; c'est l'Episcopat de l'univers catholique, ce sont deux cent millions de chrétiens qui lui conseillent la résistance. L'Adresse des évêques a presque toute la force d'une décision prise en Concile. Elle a été exécutée et mûrement réfléchie pendant huit jours. Encore une fois, le Pape n'est pas seul et l'on aurait tort de le rendre exclusivement responsable du célèbre *non possumus*.

2. — « C'était un coup monté, un coup de théâtre, » disent encore les ennemis du Saint-Siége, au sujet des manifestations qui viennent d'avoir lieu en faveur du pouvoir temporel. — Mais où est l'intrigue ? Je la cherche partout : je ne la vois nulle part. Sera-ce quand des évêques affluent à Rome des cinq parties du monde, sur un simple désir de Pie IX, sans avoir pu se concerter ? — Ou bien, lorsque le départ, l'arrivée et le retour des pèlerins ont donné lieu aux plus chaudes manifestations ? — Sera-ce lors des ovations décernées spontanément au Pontife-Roi et à ses défenseurs ? — Ou encore lorsque Mgr Dupanloup a été applaudi, fêté, visité par plus de trente mille romains ? — Nos évêques eux-mêmes se sont cru obligés de comprimer l'enthousiasme, au lieu de l'exciter. Non, rien ne ressemblait à un mot d'ordre, et les *vivats* du peuple n'étaient pas *soudoyés*... comme ailleurs.

3. — « La souveraineté pontificale est repoussée par la nation romaine. » — C'est faux, car on a vu qu'au milieu de toutes les manifestations éclatantes des catholiques, pendant le séjour des évêques à Rome, pas un cri ne s'est élevé pour protester contre les hommages rendus au Pontife-Roi.

4. « Nous regrettons, dit *la Patrie*, que le Clergé persiste à confondre le temporel avec le spirituel. » — Mais est-ce confondre ces deux ordres, lui répond le *Monde*, que de dire que le temporel n'est pas indifférent à l'exercice du spirituel (1) ? Toujours le Pape et les Evêques ont

(1) Napoléon Ier ne tenait pas un autre langage.

affirmé la distinction qui existe entre ces deux termes. Le pouvoir temporel est un moyen, non un but. L'Eglise déclare qu'il est le moyen *nécessaire* de l'indépendance du Saint-Siège. Sans doute, cette nécessité n'est pas un *dogme de foi ;* mais faut-il enlever sa propriété à celui qui possède, par cela seul qu'elle n'est pas un dogme ?

5. — « Pourquoi le Pape a-t-il transporté au sein d'une question brûlante la grande cérémonie d'une canonisation ? » — Le Pape ne l'y a pas transportée. C'est au contraire la question du pouvoir temporel qui s'est rattachée subsidiairement à la cérémonie, but principal de la convocation des Evêques à Rome. L'invitation du 18 janvier est explicite à cet égard.

Il serait tout aussi facile de réfuter une foule d'autres objections, toujours inspirées par la mauvaise foi et la haine secrète du catholicisme. Nous en laissons le soin à la sagacité de nos lecteurs.

IX. — UN TÉMOIGNAGE PROTESTANT.

Parmi ceux qui se rendaient en simples curieux à la cérémonie du 8 juin, était un Anglais protestant, correspondant du premier journal d'Angleterre, le *Times*.

Nous venons de lire la narration de ce *gentleman ;* elle révèle pleinement un adversaire déterminé de nos croyances ; les témoignages qu'elle contient de l'effet saisissant produit par l'imposante cérémonie du 8 juin n'en seront donc que plus précieux à recueillir. Quant à nous, aucun récit ne nous a donné une plus haute idée de la beauté irrésistible et de la majesté du spectacle que présentait ce jour-là la basilique romaine.

Notre Anglais se plaint de ce que la porte Santa-Maria, par laquelle il devait entrer, était trop étroite, et de ce qu'il a eu beaucoup de peine à atteindre sa place à travers la foule, bien qu'il fût à ce moment cinq heures et demie du matin. Il s'aida de sa lorgnette pour voir allumer les quinze mille cierges qui, dans cet immense édifice, lui firent l'effet d'étoiles imperceptibles et de quatrième grandeur. Il critique aussi les nuages d'encens, qu'il compare à un brouillard de Londres.

Mais voici la procession qui fait son entrée dans la basilique au chant de l'*Ave maris stella*, puis du *Regina cœli*. Nous ne reviendrons pas sur le long dénombrement du clergé régulier et séculier, et des officiers de la maison du Pape qui composaient cette solennelle procession. «C'était, dit le correspondant du *Times* à propos du grand nombre des évêques présents, un spectacle que le monde n'a pas vu depuis des siècles, et que peut-être il ne reverra jamais.»

Et il continue :

« Il est impossible de vous donner une idée exacte des sentiments que l'apparition du Pape éveilla chez des hommes qui étaient venus de toutes les parties du monde pour voir le successeur de saint Pierre... Le Saint-Père! le Saint-Père ! s'écrièrent les prêtres français. *Il santo Padre!* crièrent les Italiens. Et Allemands, Espagnols, Grecs, Américains et Anglais, tous manifestèrent le même enthousiasme, chacun dans sa langue. Auprès de moi se trouvait un Anglais converti. Elevé à Oxford, il avait tout sacrifié pour suivre sa nouvelle foi : rang, famille, fortune ; et c'était vraiment touchant de voir le profond sentiment que fit naître en lui la vue du Saint-Père. Regardant par dessus les flots de têtes placées entre moi et la procession, un espace considérable, je vis que tout le monde s'agenouillait à mesure que Pie IX, le bienveillant et le bon (car il n'est que juste de l'appeler ainsi,) avançait dans la nef, porté sur la *sedia gestatoria*. Les chanteurs du Vatican chantaient de leurs voix angéliques : *Tu es Petrus*... Par moments d'autres voix chantaient : *Ave maris stella*, et ce fut ainsi que le Pape se trouva porté, à travers une multitude de cinquante mille fidèles de tous les pays sous le soleil, jusqu'au grand autel au delà du tombeau de l'apôtre. »

Alors commencèrent les cérémonies de la canonisation.

« Le *Veni Creator*, entonné par le Saint-Père, est chanté par la vaste multitude. Si touchants en sont les accents, si doucement et pourtant si puissamment ils s'enflent et se propagent de la nef aux ailes et au transept, que l'effet en devint accablant et irrésistible, et comme malgré moi *je me cramponnai à mon siège, presque suffoqué d'émotion*. Je laissai la raison à la porte; car comment la raison aurait-elle pu conserver son empire dans des scènes comme celle-ci ? L'archevêque Whately (un théologien anglican) aurait brûlé son traité de la *Logique* s'il avait été ici, et se serait, comme moi, laissé aller à ce courant de sentiment qui m'entraînait irrésistiblement. »

Quel témoignage plus éloquent que celui de ce protestant raisonneur, qui est forcé de se cramponner à son siège et suffoqué d'émotion ! en même temps rendons hommage à la sincérité avec laquelle il raconte et publie les sentiments qu'il a éprouvés.

La sentence de canonisation prononcée, cette joyeuse nouvelle est annoncée au monde par le canon du château Saint-Ange et toutes les cloches de la ville; et le Pape, de sa voix vibrante et mélodieuse, entonne le *Te Deum*, que chante la foule. Voyons l'effet de ce solennel *Te Deum* sur le correspondant anglais.

« Ç'a été une des plus belles choses de cette étonnante manifestation ecclésiastique. Cette belle et vieille hymne ambroisienne semblait déborder à flots de reconnaissance et de joie, si pleins étaient les sentiments qui l'inspiraient; et puis, les fidèles qui la chantaient, des hommes qui avaient fait des milliers de lieues par mer et terre pour venir s'agenouiller au tombeau de Saint-Pierre et assister à cette imposante cérémonie, lui communiquaient une puissance d'effet et d'impression qu'elle n'avait peut-être jamais eue auparavant et qu'elle ne retrouvera peut-être jamais. Chantées tour à tour par le clergé et par le peuple, les strophes ne flottaient pas, mais s'élevaient d'un bond irrésistible comme pour pénétrer de force en la présence de l'Etre divin : c'était la sublimité de la prière et du cantique ; et protestant, tout ferme protestant que je suis, j'y ai trouvé l'assurance que dans le cœur de tout être humain, de quelque nom qu'il s'appelle, il y a des cordes qui vibrent à l'unisson, et que si les opinions divisent, il y a des sentiments qui rapprochent et réunissent les divers groupes des adorateurs de Dieu. »

Il nous a semblé que de tels aveux, de tels hommages, venant d'un protestant, méritaient d'être recueillis, surtout sous la plume du correspondant spécial d'un journal anglais comme le *Times*. Leur origine leur donne une autorité, un accent que ne peuvent avoir les témoignages catholiques.

Citons encore une phrase dans laquelle l'auteur de ce compte-rendu résume en quelque sorte ses impressions de la journée. Après avoir « retrouvé sa raison à la porte, » et déraisonné en conséquence sur les intentions du Saint-Siège en célébrant cette fête de la Canonisation des martyrs japonais, le journaliste anglais fait cette réflexion remarquable :

« Je réclame pour mes propres opinions le respect que j'accorde volontiers à celles des autres ; mais je dis qu'ils sont bien présomptueux ou bien ignorants, ceux qui espèrent que, par un trait de plume ou au moyen de la distribution d'un petit traité, ils pourront détruire une religion qui est si étroitement entrelacée avec les plus fortes affections du cœur, et qu'eux ou les enfants de leurs enfants sont destinés à voir la chute d'une Eglise dont les fondements plongent si avant dans le sol accumulé des siècles. » (*Messager de la Semaine*).

X. — UNE FÊTE MILITAIRE AU CAMP PRÉTORIEN.

Il n'a pas encore été question, dans notre récit, ni de nos braves militaires, ni des troupes pontificales. Pourtant les uns et les autres ont droit à une mention spéciale de notre part.

Le jour de l'Ascension, nos soldats remplissaient l'église Saint-Louis des Français, et le jeudi suivant, le Colisée, pour y assister pieusement à des exercices religieux. On sent qu'avec eux, — écrivait Mgr de Beauvais, — on a affaire à des amis.

Mais la plus grande solennité militaire dont Rome ait offert le spectacle est la fête ou la bénédiction du camp prétorien, qui a eu lieu le 12 juin, là même où l'ancienne garde prétorienne des empereurs romains les aidaient à opprimer les peuples : *servitutis instrumenta*. Aujourd'hui, ceux qui doivent la remplacer sont des bataillons armés pour la cause de la liberté, du droit et de la justice.

La cérémonie, présidée par Mgr l'archevêque de Dublin, s'est faite avec une pompe extraordinaire. Pie IX y assistait sur une estrade richement décorée, ayant à ses côtés nos cardinaux et plusieurs autres Prélats, tant de la France que de l'étranger. Toutes les troupes pontificales (14,000 hommes environ), y compris les zouaves, étaient sous les armes. M. le vicomte Hélion de Barême, dans une lettre écrite à l'issue de cette splendide fête, dit que l'ovation décernée au Pontife-Roi, ce jour-là, a surpassé toutes les autres. Nous lui empruntons le trait suivant :

« Vivent les défenseurs du Pape ! criait un Italien. — Insensé, lui répond un Français, son défenseur, c'est Dieu. — Ce mot nous a rappelé la spirituelle répartie d'un aimable enfant. Priez-vous pour le Pape ? lui demandait quelqu'un. — Je m'en garderais bien ! le bon Dieu a promis de ne jamais l'abandonner ; il n'a pas besoin que je lui rappelle sa promesse. »

Après que l'Officiant eut béni les campements d'Israël, Sa Sainteté a donné elle-même une bénédiction générale à toute l'assemblée. Puis a commencé le défilé des troupes. Les zouaves, dit M. Hélion, sont arrivés au pas de course ; ils portaient la tête haute et semblaient respirer la poudre. Une acclamation unanime s'est élevée sur le passage de ces héroïques batailleurs. Salut à cette médaille de Castelfidardo qu'ils portent sur leur poitrine et que j'appellerais volontiers « la médaille de sauvetage de l'honneur européen ! » Et je bénis le Dieu de ma patrie, dont la Providence veille toujours sur Rome, puisqu'il a suscité parmi notre jeunesse des âmes si généreuses et des cœurs si résolus.

Nous avons tous été surpris de voir ces jeunes hommes, sortis pour la plupart des bras de l'opulence, accoutumés à une vie commode, devenus en si peu de temps si compètement soldats : nul ne se douterait que ce sont des volontaires. Ils sont soumis à une vie très dure et à une discipline très sévère. Un général piémontais, recevant la liste de ses prisonniers, après Castelfidardo, s'écriait à la vue des premiers noms de France : « On dirait une liste d'invitation à un bal de la cour de Louis XIV. » S'il avait fait attention à leur tenue militaire et aux rudes coups qu'ils portaient, il aurait pu s'écrier avec autant de justice : on dirait que nous avons affaire à un bataillon de l'armée de Henri IV.

Cependant tous se pressent autour des fondements du nouveau camp ; chacun tient à honneur d'y jeter une pierre ; on a grand'peine à arrêter ce zèle. Quant à nous, nous avons obtenu de nous livrer quelque temps à ce travail consolant, et en pensant à la destination de cet édifice, aux ennemis de l'Eglise, à ses défenseurs, à son avenir, nous nous disions avec un naïf et dévot chroniqueur : « *Les hommes d'armes batailleront et Dieu fera la victoire.* »

XI. — LE RETOUR.

NN. SS. les évêques ont été l'objet des plus flatteuses démonstrations quand ils sont rentrés dans leurs diocèses. On a voulu ainsi les remercier hautement de s'être rendus les dignes interprètes de la pensée catholique, dans leur Adresse à Pie IX. Mais comment faire un choix au milieu de si nombreux et touchants récits que nous apportent les feuilles publiques ? A Nîmes, par exemple, les vivats les plus chaleureux ont accueilli Mgr Plantier. Quarante mille personnes couvraient l'avenue de l'embarcadère. On ne peut se faire l'idée de l'enthousiasme que le retour de Monseigneur a excité dans toutes les classes de la population.

A Sens, dit la *Constitution* d'Auxerre, un peuple immense se pressait dans les nefs et s'échelonnait jusque sur les bases des piliers, pour saluer son archevêque-pèlerin.

Mgr l'archevêque de Rennes a été vivement acclamé au moment de sa rentrée dans sa ville épiscopale. Les cris mille fois répétés de : *Vive Monseigneur! Vive Pie IX, Pontife et Roi!* se croisaient dans tous les sens.

Pareilles manifestations ont eu lieu à Toulouse, Avignon, Marseille, etc.

A Bordeaux, la rentrée de Son Eminence s'étant faite *incognito*, il n'y a pas eu d'ovation ; mais, le lendemain de son arrivée, Mgr Donnet s'est empressé de visiter tous les pompiers de la ville qui avaient été blessés dans le désastreux incendie du Palais municipal. C'est ainsi qu'il a montré tout ce que ses entretiens avec Pie IX avaient ajouté de flamme au foyer de sa charité pastorale.

Cependant le clergé bordelais a voulu se rendre en corps auprès de Son Eminence, et voici les détails que nous donne *la Guienne* du 21 juin sur cette réception :

« Le clergé de la ville de Bordeaux s'est réuni aujourd'hui

vendredi, à une heure, au palais archiépiscopal et a offert à Mgr le Cardinal-Archevêque l'expression de sa satisfaction sur l'heureux succès de son voyage à Rome.

» M. l'abbé Guilleux a parlé au nom du chapitre primatial, dont il est le doyen, et M. l'abbé Dulorié, curé de Notre-Dame, au nom du clergé paroissial. Dans l'un et l'autre de ces discours, Son Eminence a vu avec quelle joie les prêtres de son vaste diocèse se sont associés de cœur et d'âme à tout ce que l'Adresse au Pape renferme de sentiments dévoués au Saint-Siège, et à la personne sacrée du Pontife-Roi.

» Son Eminence a pris la parole à son tour, et a manifesté son contentement en voyant l'union si parfaite et si universelle de sentiments qui règne entre ses coopérateurs et lui, sur les douloureuses épreuves du Pape, auxquelles Elle-même prend la plus vive part.

» Tous les membres de l'assemblée ont appris avec un légitime orgueil le cordial et affectueux accueil que le Cardinal Donnet a reçu du Saint Père qui, plus d'une fois, l'a eu à sa droite et lui a parlé avec le plus paternel abandon de ce qui touche au diocèse de Bordeaux, pour les curés duquel Sa Sainteté a accordé à Monseigneur le Cardinal-Archevêque d'abondantes faveurs spirituelles. »

Dans d'autres villes épiscopales, le retour des prélats français s'est accompli sans démonstrations publiques et comme dans l'intimité d'une fête de famille. Ce n'est pas que nous voulions mettre en opposition les unes et les autres : nous savons que l'Esprit de Dieu souffle où il veut, et que des opérations, diverses en apparence, doivent être attribuées à un seul et même esprit : l'esprit de charité.

XII. — CONCLUSION. — L'ARRÊT DE L'ÉGLISE

L'Eglise a parlé, la grande question est résolue ; la discussion est close : *le pouvoir temporel est une nécessité.*

C'est le Pape, ce sont les Evêques de la chrétienté qui ont rendu l'arrêt suprême.

Ce que disait depuis des siècles la voix de la raison et de l'expérience, la voix des pontifes réunis dans une assemblée auguste, vénérable assise du monde chrétien, vient de le dire une dernière fois.

Ainsi a été déchiré le voile à l'abri duquel ceux qui se disaient les *catholiques sincères*, faisaient depuis tant de jours à la Religion du Christ la guerre de Julien l'apostat.

Les masques donc vont tomber.

Seuls seront catholiques véritables ceux qui reconnaîtront avec le Pape, avec l'Eglise universelle que le *pouvoir temporel est une nécessité.*

L'allocution du Saint-Père, l'Adresse de l'Episcopat, ont mis fin au règne de ces singuliers amis de la Religion chrétienne qui prétendaient la glorifier en l'insultant, la faire libre en l'emprisonnant.

Catholiques de la religion qu'on professe à Turin, complices déclarés ou secrets des spoliations piémontaises, retenez bien ceci : ce sont les pontifes de la catholicité assemblés à Rome qui viennent de prononcer votre sentence.

« *Nous, évêques*, nous condamnons les erreurs que » Pie IX a condamnées ; nous rejetons et détestons ces » doctrines nouvelles et étrangères qui se propagent par- » tout au détriment de l'Eglise ; nous condamnons et re- » poussons les sacrilèges, les rapines, les violations de » l'immunité ecclésiastique, et les *autres forfaits* commis » contre l'Eglise et le siège de saint Pierre. »

La cause est maintenant entendue. — Ceux qui voudront rester avec l'Eglise parleront comme l'Eglise ; ceux qui voudront se séparer d'elle parleront contrairement à elle. — Quelques hérétiques ou schismatiques de plus ne nuiront pas à sa gloire, et une grande immoralité, l'hypocrisie se couvrant du signe de la croix pour combattre la croix, aura disparu du globe.

Le pouvoir temporel est une nécessité. Ce n'est pas l'Eglise de France, ce ne sont pas les Eglises d'Italie, d'Irlande ou d'Espagne, ce sont toutes les Eglises réunies, — par conséquent l'Eglise universelle — qui l'ont voulu pour qu'il y eût dans le monde, le jour où la justice et la liberté seront bannies du reste de la terre, un lieu d'asile pour la justice et la liberté, une oasis pour les persécutés et les proscrits; et pour la religion un refuge d'où l'Evangile puisse, quand l'heure sera venue, s'élancer de nouveau à la conquête morale de l'univers et régénérer une seconde fois l'humanité asservie. (*Guienne* du 18 juin).

NOTA. — Cette *Relation* était déjà sous presse, depuis le 15 juin, lorsqu'on nous a remis le texte de l'Allocution prononcée par le Saint-Père. En le comparant, après coup, avec la traduction donnée par les journaux français, nous avons trouvé dans celle-ci deux ou trois inexactitudes. Par exemple, elle rend le passage : *Quæcunque ignorant, blasphemant*, par : « *ils* (les ennemis de la religion) *ignorent tout, blasphèment tout ;* » tandis que le sens est : « *ils blasphèment ce qu'ils ignorent.* » On voit combien cette version est plus adoucie que l'autre. Nouvel exemple : le mot *impudence* que la presse *indépendante* a tant reproché à l'Allocution, n'a pas la même énergie en latin, au moins dans le cas présent. Aussi les jugements qu'elle a portés sur le ton général de cette pièce sont-ils hasardés ou injustes.

Quant à la valeur des décrets de canonisation, voici ce que dit Benoît XIV résumant l'opinion de tous les théologiens *ultramontains* et *gallicans* : « Celui qui oseroit soutenir que le Pape s'est trompé dans telle ou telle canonisation, serait sinon hérétique, du moins téméraire, portant scandale à toute l'Eglise, outrageant les saints, favorisant les hérétiques qui ôtent à l'Eglise le pouvoir de canoniser et donnant lieu aux impies de railler les chrétiens ; il serait en outre digne de grièves peines, comme auteur d'une proposition erronée... sentant l'hérésie. Tel est le sentiment de ceux même qui enseignent qu'il n'est point de foi que le Pape soit infaillible dans les canonisations. » Or ceux-ci ne font pas nombre.

Mais le Pape est-il infaillible dans les jugements de béatification ? Oui, si on la considère comme servant de base à la canonisation qui la complète et la couronne. Dans le cas contraire, dont nous n'avions pas à nous occuper ici, la question paraît à Benoît XIV devoir être résolue négativement.

Il en donne pour raison que le jugement n'est pas définitif et ne s'adresse pas à l'Eglise universelle, mais seulement aux lieux où le culte du Bienheureux est autorisé. — On voudra bien nous pardonner cette note, en faveur du prix que nous attachons à ne rien dire d'inexact.

TABLE

www.ingramcontent.com/pod-product-compliance
Ingram Content Group UK Ltd.
Pitfield, Milton Keynes, MK11 3LW, UK
UKHW022136260726
13993UKWH00003B/1478

9 782329 217307